광덕스님 시봉일기 · 1

금하총서 ❶

광덕스님 시봉일기·1
- 내일이면 늦으리 -

지은이·松庵 至元
펴낸이·김인현
펴낸곳·도서출판 도피안사

1999년 6월 5일 1판 1쇄 발행
2000년 9월 15일 2판 1쇄 발행
2001년 2월 25일 2판 2쇄 발행
2002년 1월 19일 3판 1쇄 발행
2005년 6월 20일 3판 2쇄 발행
2008년 4월 5일 3판 3쇄 발행
2019년 1월 8일 3판 5쇄 발행

인쇄·금강인쇄(주)

등록·2000년 8월 19일(제19-52호)
주소·경기도 안성시 죽산면 거곡길 27-52(용설리 1178-1)
전화·031-676-8700
팩시밀리·031-676-8704
E-mail·dopiansa@kornet.net

ⓒ 2008, 송암

ISBN 89-951656-1-8 04220
      89-951656-0-X 04220(세트)

·책값은 뒤표지에 있습니다.
·잘못된 책은 바꿔드립니다.
·이 책의 내용 전부 또는 일부를 사용할 경우, 문서로 된 동의를 받아야 합니다.

진리 생명은 깨달음에 의해서만 그 전모가 드러나므로 도서출판 도피안사에서는
독서는 깨달음을 얻는 또 하나의 길이라는 신념으로 책을 펴냅니다.

佛光香風
1

광덕스님 시봉일기 I

내일이면 늦으리

글 · 송암지원

DOPIANSA
到彼岸社

結　社　是

보현도량 도솔산 도피안사는 개산조이신 金河堂 光德大禪師의
문서포교 불사를 계승하기 위하여 「도서출판 到彼岸社」를 별도 설립하여 우량도서를 精選 출판하고 있습니다. 이에 보다 효과적인 문서포교를 이룩하기 위하여 개산조의 '불서읽기' 운동을 계승하여
'종이거울 자주보기' 운동을 펼쳐나갑니다.

> 종이거울 자주보기 – 유리거울은 내 몸을 비쳐주고
> 종이거울은 내 마음을 비쳐준다

'보현행원으로 보리 이루리!'

코끼리가 연꽃을 받들고 가는 것은
보현행원품의 주제인 「以普賢行 悟菩提 – 보현행원으로 보리 이루리」를 상징(설명)합니다.
(코끼리는 보현행원의 원만, 연꽃은 무상보리의 성취를 뜻하며
또한 이 두 이미지의 일치는 禪家一句인 向上一路의 형상화임)

獻　辭

일생을 보현행자로 살았고 반드시 이 땅에 환생하여
반야바라밀결사 구국구세운동을 다시 이을 것을 서원하신
金河堂 光德大禪師의 환생 후신전에
삼가 이 책을 바칩니다.

傳 法 五 誓

오른쪽 (傳法五誓):

진법으로 바른 믿음을 삼겠읍니다
진법으로 정정진을 삼겠읍니다
진법으로 무상공덕을 삼겠읍니다
진법으로 회상의 보은을 삼겠읍니다
진법으로 정로를 성취 하겠읍니다

금정산인

왼쪽:

불자여 불보살님의 자비하신 은덕이
끊임없이 그대 생명에 넘쳐 나고
우리 국토를 성숙시켜 주심을 감사하며
밝은 표정과 기쁜 말을 잊지 말지니라

금정산인

글씨 / 석주(1986년 作)

왼쪽은 先師께서 매월 포살 때 대중에게 다짐받은 포살 계목 중의 하나이고, 오른쪽은 매주 법회 때마다 동참 대중이 함께 다짐한 傳法五誓임. (필자)

普 賢 讚 頌

그림 / 석정

普賢身相如虛空　　보현보살　미묘한몸　형상이없어
依眞而住非國土　　어느 때나　법신광명　두루 비추네.
隨諸衆生心所欲　　일체중생　원하는바　이루기위해
示現普身等一切　　보현원왕　일체처에　현전하시네.

普 賢 十 願

'보현행원으로 보리 이루리!'

"보현행원 수행하는 보살들이여"

1. 모- 든- 부처님께 예경할지라
2. 일체여래 모든공덕 찬탄할지라
3. 시방세계 일체불께 공양할지라
4. 무시이래 지은업장 참회할지라
5. 모든여래 지은공덕 기뻐할지라
6. 일체불께 설법을- 청할지로다
7. 일체제불 주세간을 청할지로다
8. 어느때나 여래따라 배울지로다
9. 온갖형상 일체중생 수순할지라
10. 중생에게 모든공덕 회향할지라

'허공계가 다하고 중생 다하고
중생의 번뇌가 다할지라도
보살의 행원은 다하지 않아.'

보현행원은 나의 진실생명의 문을 엶이어라
　　　　무량위덕 발휘하는 생명의 숨결이어라
보현행원은 나의 영원한 생명의 노래
　　　　나의 영원한 생명의 율동
　　　　나의 영원한 생명의 환희
　　　　나의 영원한 생명의 위덕
　　　　체온이며 광휘이며 그 세계이어라.

내 이제 목숨 바쳐 서원하오니
삼보 자존이시여 증명하소서

보현행원을 수행하오리
보현행원으로 불국이루리
보현행원으로 보리이루리
나무마하반야바라밀
나무대행보현보살마하살

그림 / 소공

臨 終 偈

울려서 법계를 진동하여
위산이 밝아지고 잠잠해서 겁
전봄소식이 겁후에 찬란해라
일찌기 형상으로 몰형상을
떨쳤으니 금정산이 당당하여
그의 소리 영원하리

금하광덕대선사 열반송을 쓰다

기묘년 봄 법진 정웅 호

글씨 / 법진

眞 影

광덕 스님의 碧眼衲子 시절(1970년, 세수 44세 무렵)

金河堂 光德 大禪師는
1927년 4월 4일(정묘년 3월 3일) 경기도 화성에서 출생.
1950년 가을, 24세 때 부산 범어사 입산. 그 이후 오직 爲法忘軀 傳法度生으로 이 시대의 횃불이 되다.
1999년 2월 27일 오후 2시경 불광사 법주실에서 세수 73세,
법랍 48세로 사바 세연을 조용히 거두고 대원적 무상(無相) 삼매에 들다.(연보는 뒷면)

— 門人 松菴至元 謹抄

추천사

용생룡(龍生龍)이요, 봉생봉(鳳生鳳)이라!
무주청화(無住淸華) | 조계종 원로·성륜사 조실

금하당(金河堂) 광덕 큰스님은 한국 불교사에서 찬연히 빛나는 불멸의 횃불이시다.

큰스님은 복잡한 서울, 그 한가운데서 문수의 투철한 반야지혜(般若智慧)와 보현의 훈훈한 자비행원(慈悲行願)을 몸소 실천하신 대비보살이셨음은 비단 우납(愚衲)만의 찬탄이 아닌, 모든 불자의 위대한 의호(依怙)로서 앙모(仰慕)하여 마지않는 불세출(不世出)의 선지식이시다.

큰스님 유별(有別)의 청수(淸秀)하고 고결(高潔)한 풍모와 이십여 성상을 두고 불광지를 통하여 베풀어주신 시기상응(時機相應)한 사자후는 모든 불교인들의 가슴마다에 뜨거운 감격으로 오래오래 메아리치게 될 것이다.

고인(古人)의 격담(格談)에 용생룡(龍生龍)이요 봉생봉(鳳生鳳)이라 하였는데, 큰스님의 문하에 수많은 용상대덕들이 나오신 가운데 특히 송암당(松菴堂) 지원화상은 철두철미(徹頭徹尾) 지성일관

(至誠一貫)하여 은법사(恩法師)이신 광덕 큰스님의 고매한 유지를 받들어 『광덕스님 시봉일기』라는 책을 펴냈을 뿐만 아니라, 도피안사의 대작불사를 발원 진행 중이시니 실로 사자상승(師資相承)의 귀감으로서 우리 불가의 희유한 수범(垂範)이 아닐 수 없다.

 본시 우납은 평소 도회은거(韜晦隱居)로 지내왔기에 광덕 큰스님과 배면(拜面)의 연(緣)은 없었으나 큰스님의 출천고풍(出天高風)은 이심전심으로 경모하여 마지않았다.

 이번 송암화상의 간곡하신 부탁을 과분하게 생각하며 다만 성긴 말 몇 마디를 보태어 추천사를 대신하는 바이다.

辛巳年 부처님 오신 날을 앞두고
聖輪寺 禪窓에서

無住 淸華 合掌

추천사

기도하면서 썼고, 쓰면서 기도한 스승 존경의 길잡이
원성 김종서(圓成 金宗西) | 문학박사, 서울대 명예교수

　불과 얼마 전에 있었던 일이다. 내가 교직생활을 처음 시작할 무렵에 가르쳤던 제자 십여 명과 오랜만에 저녁식사를 같이 하였다.
　그때 그들 중 몇 명이 방밖 출입이 잦았다. 아마도 담배를 피우기 위하여 드나드는 것 같아서 나는 이를 눈치채고 "담배를 밖에서 피우지 말고 여기서 피우지."라고 말하였더니 그들은 "스승님 앞에서 어떻게 담배를 피웁니까?"라고 대답하는 것이었다. 그때 나는 "지금 몇 살이나 되었지." 하고 다시 물었더니 머리를 긁적이며 "일흔셋입니다."라고 말하는 것이었다.
　이것이 원래 우리의 '스승과 제자' 관계였다. 그러나 최근에 와서 이러한 전통적인 관계는 땅에 떨어지고 스승이 체벌을 한다고 학부모나 학생이 선생님을 고발하고 심지어는 폭행까지 하는 현상까지 나타나고 있으니⋯⋯.
　아, 이 어찌된 일인가?
　'군사부일체(君師父一體)'니 '스승의 그림자는 밟지도 않는다'는

말은 이미 옛말이 되고 말았는가? 참으로 비감(悲感)한 생각마저 드는구나!

이때, 홀연히 한줄기 희망의 빛이 비쳤으니 바로 송암지원(松庵至元) 스님이 지어낸 『광덕스님 시봉일기』이다. 이 책은 스승과 제자의 관계를 올바르게 정립하는 지침서이며 하나의 시금석(試金石)이기도 하다.

살펴보면 오늘날의 사회는 급격히 변하고 있다. 이 급변하는 사회에 사는 현대인은 두 가지의 가치관(價値觀)을 동시에 추구해야 한다. 그 하나는 변하는 사회에 적응하기 위한 '변하는 가치관'의 추구이며, 다른 하나는 사회가 아무리 변하여도 변해서는 안 되는 '항구적 가치관'의 추구이다. 스승 존경의 가치관은 후자에 속한다. 왜냐하면 사제지간의 올바른 관계의 설정이 이 사회를 발전시키는 근간이고 원동력이 되기 때문이다.

인류가 쌓아놓은 문화유산의 전달자는 스승이며 이를 전수 받은 제자는 이를 보다 확대 발전시켜 다음 세대를 위한 전달자가 되어야 한다. 이러한 스승 존경의 훌륭한 전통은 특히 우리 불교에서 더욱 뚜렷이 나타나고 있다.

도(道)를 구하기 위해 자신의 팔을 끊어 스승인 달마대사(達磨大師)에게 바쳤던 혜가(慧可)스님의 이야기는 비록 불자가 아니라고 해도 모르는 사람이 거의 없을 정도로 널리 알려져 있다. 이리하여 '역대전등 제대조사(歷代傳燈 諸大祖師)'가 부처님 가르침의 정법(正法)을 면면히 이어나가고 있다.

송암스님이 쓴 이 책, 『광덕스님 시봉일기』는 스승을 어떻게 받들어야 하는지를 우리의 마음과 몸속에 깊숙이 스며들도록 제시하고 있다. 또 이 책은 저자인 송암스님이 다년 간에 걸친 관찰과 체험과 감동을 통하여 스승이신 광덕대선사의 불교사상과 수행 실천의 모습을 실상 그대로 예리한 필봉으로 부드럽게 표현한 스승 존경의 길잡이 책이다. 여기에는 저자가 평소 스승이신 광덕스님을 얼마나 절대시하였고, 존경하였으며, 진심으로 받들었는지가 구구절절이 잘 나타나 있다.

특히 시봉일기 중에서 처음 두 권은 저자가 스승께서 입적하신 뒤 백일 추모재를 올리는 날, 제1권을 상재(上梓)하고 바로 티베트 수미산과 인도 부처님 성지(聖地)를 돌며 스승의 환생기도를 올렸다고 했다. 그때 다시 크게 깨닫는 바가 있어 스승의 1주기 재를 올리는 날, 천일기도를 입재하고 그날부터 집필에 들어가 정확히 367일 만에 제2권을 세상에 내놓았다. 이제 또 저자는 집필에 착수하여 천일기도가 끝날 무렵 나머지 책을 마저 출간할 예정이라고 한다.

즉, 이 책은 저자인 송암스님이 천일기도를 하면서 썼고, 쓰면서 기도하였기 때문에 글 하나하나가 살아 있어서 책을 읽는 독자의 피부를 뚫는 느낌을 받게 된다.

아무쪼록 이 책이 스님들은 말할 것도 없고, 학교 교육자, 사회

교육자, 학부모, 사회인, 학생 등 모든 사람들에게 널리 읽혀 스승과 제자의 본래면목을 각기 되찾아 스승 존경의 풍토가 이 사회에 다시 가득 차기를 바라는 간절한 마음에서 이 책을 추천한다.

2001년 스승의 날을 앞두고

開成居士 金奉西 합장

차례 | 광덕 스님 시봉일기 · 1

추천사 · 무주청화　12
추천사 · 원성 김종서　14

1 아마 난 시인이 되었을거야

26　함박눈이 내리던 어느 해 …
29　엉덩이 들썩거리며 배운 …
31　공양상 들고 걸레질 하면서도
33　이제 늠름해졌네
35　네 도력이 부족해서 …
38　차를 삶아서 올렸더니
40　내일이면 늦으리
43　상좌의 성적표
45　산중 원맨쇼
48　담배 냄새가 난다?
51　스님 방 꿀병
54　아마 난 시인이 되었을 거야

2 감격시대야

58 난다 이야기
62 잠자러 절에 왔나?
65 황소 같은 녀석
68 상좌가 올린 편지
70 서원이 없으면 밥값도 못하는 법
72 너, 사람도 아니구나
75 너도 글 좀 써 봐
78 송암은 감격시대야
80 그것밖에 안 되나

3 큰스님이 꾀병을 앓으시나

회갑 날 84
바라밀 할아버지 87
속이면 속고 89
사람을 소홀히 하지 마라 92
오직 부처님을 따라서 94
스님, 노래 한 곡 부르세요 96
하회 할머니 99
아침이면 병든 몸 일으켜… 101
구두쇠 중의 구두쇠 104
스님은 꾀병을 앓으시나? 106
스님의 고독 108

4 새에게 깃털을 달라고 해봐

- 112 미련한 상좌
- 114 염주
- 116 바구니 속에 든 계란
- 118 반야가 뭐지?
- 120 부처님께 맡겨라
- 122 절은 돈 버는 데가 아니야
- 124 스님이 주신 호(號)
- 128 탐나는 설법 노트
- 131 내리사랑
- 133 새한테 깃털 좀 빼달라면 주겠어?
- 135 상좌 장가가는 날

5 하늘 꽃

- 노스님의 방문 140
- 힘들거든 머리를 만져라 142
- 사제와 나눈 우정 144
- 다 버리고 공부를 계속… 146
- 무늬만 출가 149
- 미국인 상좌 151
- 해인사 백련암 154
- 큰스님이 왜 만날 아프지? 157
- 하늘 꽃 159

6 뛰어난 혈통이야

- 164 봉은사를 구하지 못하면 …
- 168 법을 돈 받고 팔지 말라
- 170 스님은 작명가
- 173 종단의 은혜를 잊지 말라
- 176 경전을 함부로 번역하지 말라
- 178 천수 관음경에 대한 말씀
- 180 반야심경 번역에 대하여
- 182 노랫말 고친 사연
- 184 사경(寫經) 의식
- 187 급하게 하지 말고 점진적으로
- 189 뛰어난 혈통이야

7 횃불을 들라

- 스님의 자[尺] 192
- 아이들이 어디 영원히 … 196
- 희귀한 공로패 198
- 횃불을 들라 200
- 횃불 정진대회 203
- 북 치고 장구치는 제등행렬 205
- 스님이 상좌를 귀빈 … 207
- 보현행자의 서원 210
- 목탁 치는 법을 가르쳐라 212
- 아직 세우지 못한… 215

8 불광 특별시

220 초라한 법상, 장엄한 불법
222 미소불(佛)
226 형제 여러분
229 감사합니다
231 새 물줄기
233 호법은 세계평화운동
235 월간 불광은 매달 한 번씩…
237 헌공 봉투
240 불광법회 지도위원
243 선거를 하지 말라
246 불광 특별시

9 도솔천에서 오셨네

먼저 쓰는 게 임자지 250
주지(住持) 오기 전엔 … 252
저 들꽃 좀 봐 254
도솔천에서 오셨네 256
가풍(家風) 259
보현행원송 261
연꽃 264
수행자의 근본은 하심이야 267

10 내가 죽고 없더라도

272 내가 죽고 없더라도
274 기장 미역이 먹고 싶어
276 회상(1) - 스승의 은혜
279 회상(2) - 고마운 분들
282 회상(3) - 범어사 선방의 도반들
285 회상(4) - 고백
287 회상(5) - 수계 인연
289 회상(6) - 금정사의 법열(法悅)
292 회상(7) - 소천 노화상

11 온 세상이 텅 빈 것 같아

병상 법문 296
머리끝이 쭈뼛 서고 … 299
열반 10분 전, 스님이 … 302
"나 좀 일으켜다오" 하고 … 305
스님, 불 들어갑니다 310
온 세상이 텅 빈 것 같아 312

金河堂 光德大禪師 年譜 315
후기 ① 스님의 두 줄기 눈물… 321
후기 ② 남기신 자취를… 327

아마 난 시인이 되었을 거야

갈 매 리 보 현 사 시 절

어느 해 봄날, 갈매리 보현사에 머물던 스님한테서 전화가 걸려왔다. 일에 쫓겨 늘 바쁘던 나는 무슨 일인가 하며 전화를 받았다.
"송암! 진달래가 우거진 꽃밭을 보았어. 어떻게나 야단스럽게 피었는지 흔치 않은 광경이야. 지금 와서 한 번 보렴."
"스님, 오늘은 일이 많아서요. 내일 가면 좋겠습니다."
"내일이면 늦으리!"

함박눈이 내리던 어느 해 겨울

어렵게 번 돈일수록 그 돈이 더욱 소중하다. 무엇이든지 노력하여 얻은 것일수록 소중할 뿐만 아니라 때로는 생명과도 바꿀 수 있는 가치를 지닐 것이다.

나는 여러 곡절 끝에 스님의 상좌가 되었다. 그런 까닭인지 몰라도 스님 곁에 사는 것만으로도 매일 즐겁고 신났다. 기도를 해도, 스님 공양상을 들어도, 마당을 쓸고 법당을 청소할 때도 항상 스님이 나를 지켜보고 있다는 생각만 하면 우쭐해졌다.

그리고 모든 일을 잘하고 싶기만 했다. 법당 청소를 할 때는 스님이 뒤에서 보고 있다는 생각이 들어 더욱더 열심히, 땀을 뻘뻘 흘리면서 쓸고 닦았다. 그때의 스님은 또 하나의 나였다. 지금 돌이켜 봐도 행복하다.

갈매리 보현사에 스님이 머물던 때의 얘기다.

보현사를 지은 단월 창건주는 절에서 조금 떨어진 곳에 2층 양옥집을 한 채 지었다. 절에 방이 부족하여 스님은 그 집에 거처를 두었다. 스님은 매일 새벽에 한참 걸어야 되는 양옥집에서 절로 올라와 예불을 모셨다. 나와 같이 보현사에 있던 지홍 스님은 당시에는 대각사에 있던 터라 나 혼자서 새벽 도량석과 종성을 하고 스님과 함께 싸늘한 겨울 법당에서 예불을 올렸다. 모든 것이 익숙지 않은 때였지만 나는 있는 정성을 모두 기울였다.

그 해 겨울은 유난히도 눈이 많이 내렸다. 어떤 때는 밤새워 펑펑 퍼부을 때도 있었다. 무려 30센티미터 이상 온 적도 많았다.

눈이 오면 밑에서 절까지 올라오는 계단을 쓰는 것이 큰일이었다. 신도가 오는 때도 있었지만 내 생각은 신도보다 스님이 새벽 예불 때 올라오다가 미끄러지지 않도록 눈을 쓸고 또 쓸었던 것이다.

그날도 오후부터 눈이 내렸다. 그래서 저녁 9시쯤 눈을 쓸었는데 밤 11시쯤 되어 다시 나가 보니 또 그만큼 쌓여 있었다. 별 수 없이 처음부터 또 쓸었다.

법당까지 수많은 계단을 다 쓸고 방에 들어가서 몸을 녹인 뒤에 나와 보면 어느새 눈이 또 쌓여 있었다. 그러면 나는 또다시 눈길을 쓸었다. 누가 시켜서가 아니라 나 혼자 그렇게 해야 한다는 생각으로 잠을 자지 않고 눈길을 쓸고 또 쓸었던 것이다.

꼬박 밤을 밝혀 눈길을 틔우고 새벽 예불을 올리는데 스님이 그 길을 따라 올라왔다. 미끄러지지도 않고, 신발에 눈을 묻히지도 않고 스님은 편안하게 법당에 이르렀다. 나는 그것으로 감사했다.

예불을 마치고 스님이 나를 가만히 바라보았다. 나는 얼른 허리를 숙여 아침 문안을 올렸다.

언제부터인지 몰라도 나는 충성이라는 단어를 좋아하게 됐다. 출가자의 충성 대상은 부처님이고 법이고 일체 중생이어야 한다. 그런데 난 여기에 스님을 으뜸으로 두었다. 세월이 지나 생각해 보니, 그처럼 무조건 고개 숙이고 따를 수 있는 스님이 내게 있었다는 것 자체가 그대로 행복이고, 법열이었다.

무조건 의지하고 복종할 수 있다는 점에서 부처님과 스님은 내게 특별한 존재였다.

엉덩이 들썩거리며 배운 금강경

보현사 시절, 우리는 스님한테서 직접 경을 배웠다.

지견, 지홍, 나 셋이서 아침 공양이 끝나면 스님 방에 가서 『금강경』을 배웠다. 하루에 한 분(分)씩(금강경은 총 32분) 진도가 나가는 공부였는데, 스님에게 아주 특별한 일이 생기지 않는 한 거른 적이 거의 없었다.

그 당시는 무척 즐거운 시절이었다. 무엇을 해도 좋기만 하고 신나는 하루 하루였다. 더군다나 방에 불려 가서 무릎 꿇고 앉아서 경을 배운다는 자체만으로 속에서 터져 나오는 기쁨을 감추지 못했다. 금강경을 새겨 읽어 내용까지 파고든다는 것은 내게 있어서 어디까지나 나중 일이었다.

상좌 셋이서 책을 옆구리에 끼고 일렬로 서서 스님 방문을 조심스럽게 두드리면 스님은 방안에서 명랑한 목소리로 우리들을 반겼다. 그리고 우리 셋이 옆으로 나란히 서서 절하고 자리에 앉으면 강의를 시작했다.

지금 돌이켜 생각하면 아마도 내가 좀 모자랐거나 지나쳤던 것 같다. 스님이 금강경 한 대목을 설명하면 나는 스님 진도 앞을 가고 있었고, 그 말씀의 뜻 모두가 이미 내 가슴속에 들어 있는 것으로 지레 느꼈다.

'스님이야말로 나를 잘 알아주시는구나. 어쩌면 내 속을 이렇게 훤히 들여다보시고 저렇게 빈틈없이 꼭꼭 집어내실까?'

나는 『금강경』 책을 들여다보는 것이 아니라 스님의 모습을 바라보면서 엉덩이를 들썩거렸다. 주체할 수 없는 내 기분을 스님이 몰랐을 리 없다. 매번 공부할 때마다 희색으로 들떠서 어쩔 줄 몰라 하는 철부지 상좌를 바라보는 스님의 눈빛이 지금도 눈에 선하다.

나는 지금 그때 공부한 내용은 다 잊어버렸다. 『금강경』 구절도 잊어 버렸고, 스님의 말씀도 잊어 버렸다. 오직 한 가지 내 가슴속에 간직되어 있는 것은 스님의 표정과 눈빛이다. 꼿꼿이 앉아서 긴 목으로 바라보는 스님의 자태는 품위가 있었고, 티없는 얼굴은 푸른 하늘 같았다. 지혜와 자비 넘치는 눈빛이 곧 『금강경』이었다. 어느 날,

"지금까지 배운 『금강경』에 대해서 알고 있는 대로 공책에 적어 와라."

스님은 공부를 마치고 웃으면서 숙제를 내주었다. 무엇을 알고 무엇을 썼을까마는 나는 그때 『금강경』 공부에 대한 환희심을 아직도 간직하고 있다.

공양상 들고 걸레질 하면서도 즐겁던 시절

내가 처음 출가사문이 되어 스님 곁에 머물던 시절, 스님은 주로 서울 종로 대각사와 경기도 양주 보현사를 오가며 지냈다. 나는 부산 동래 범어사 강원에 있다가 군에 가야 될 시기가 다가와서 비록 짧은 기간이지만 스님 곁에 있다가 군에 가야지 하는 생각으로 올라왔다.

그때 내 일은 끼니 때마다 스님 공양상을 들고 다니는 일과, 가끔씩 스님 방을 청소하는 일, 또 스님 앞에서 무릎 꿇고 배우는 『금강경』 공부와 하루 세 번 시간 맞추어 올리는 기도였다.

특히 법당에서 목탁을 치면서 기도를 할 때면 나도 몰래 마음이 저절로 간절해졌다. 기도하는 내가 보통 내가 아니고 특별한 사람으로 인식되었고, 스님을 모시고 사는 것이 그냥 좋았다. 무엇과도 바꿀 수 없는, 목숨보다 소중하다는 생각이 들기도 했다. 공양상을 들고 스님 앞에서도 즐거웠고, 걸레를 들고 스님 방을 닦을 때도 즐거웠다. 오전에 『금강경』 공부를 할 때는 내가 새가 되어 펄펄 나는 것만 같았다.

평소의 생활이 그랬으니 법당에서 기도할 때야 오죽했겠는가. 소리내어서 염불하면서도 줄곧 감사하는 생각으로 가슴이 벅찼다. 기도를 끝낼 때는 늘 육도참을 올렸다. 육도참의 마지막 구절이 세세생생 보살도였는데 그때 내 감정이 점점 고조되다 이 구절에 와서 자지러지는 것이다.

나는 간절하게 간절하게 부처님께 아뢰었다.

"세세생생 우리 스님 모시고 보살도를 닦아 가겠습니다. 대자대비 부처님이시여, 저의 원을 이루어 주소서."

지금 돌이켜 생각해 봐도 그런 간절함이 어디서 솟아 나왔는지 무척 신기한 일이다. 이후로 스님을 닮고자 애쓰고 스님의 사상을 배우고 계승하고자 내 나름대로 노력했던 것은 그때의 기도 힘이 아니었나 싶다.

이제 늠름해졌네

나는 나이에 비해 남들보다 조금 늦게 군대에 갔지만 예외 없이 최전방 전투사단으로 가게 되었다. 70년대 초였는데도 군 생활의 고통 중 가장 큰 것은 배고픔이었다. 아마도 군에 가기 전에 절에서 밥을 배불리 먹던 습관이 남아 있어서 유달리 배고파하지 않았을까 요즘도 가끔 생각할 때가 있다. 그래서 휴가 가면 밥 실컷 먹는 것이 제일 소원이었다.

신병 6개월이 되었을 때 고대하던 휴가 차례가 돌아왔다. 우리 일행은 부대를 출발한 지 세 시간 만에 서울 마장동 시외버스 터미널에 도착했다.

나는 버스에서 내리자마자 대각사로 스님을 찾아뵈었다.

스님 방 앞에서 군화를 벗고 모자를 왼쪽 옆구리에 끼고 제법 씩씩하게(?) 스님을 뵙고 절을 올렸다.

"우리 지원(필자의 법명)이가 이제 늠름해졌네."

스님은 이렇게 말하면서 나를 찬찬히 훑어보았다. 예의 그 고우신 모습으로 말이다.

나는 그 순간 어쩔 줄 몰라 영판 촌닭이 되고 말았다. 남이 하는 칭찬을 어떻게 받아들여야 될지 훈련이 되지 않았을 때고, 자연스럽게 받아넘길 마음의 여유도 없던 때였다.

거기다가 스님이 군에 갔다가 첫 휴가를 나온 상좌를 보면서 반가움과 대견함으로 내리는 칭찬 앞에선 그저 어정쩡하게 서 있기만 했다.

"그래, 군대 생활 힘들지?"

"아닙니다! 괜찮습니다!"

군기가 딱 잡혀 있던 탓에 그렇게 대답하고 보니 내가 생각해도 좀 우스웠다.

나는 사실 군에서 너무 배가 고파 휴가를 가면 스님에게 생떼를 써서라도 편한 군대생활을 부탁하려고 6개월을 벼르고 또 별렀다. 그런데 스님이 묻는 말씀 한마디에 그 동안 군에서 다짐하고 또 다짐한 내 결심은 어디로 갔는지 간 곳이 없고 늠름한 척하는 기분에 그만 큰소리를 '땅' 치고 말았다.

그로부터 제대할 때까지 예닐곱 차례, 휴가 갈 때는 언제나 '이번에는 꼭 말씀드려야지' 했는데도 스님 앞에만 서면 예의 그 늠름한 척이 슬며시 고개를 들고 나타났다. 번번이 실패하고 결국은 만기 제대로 군문을 나서고 말았다.

스님은 내 성품을 훤히 읽고 나약함을 미리 막아주신 자애로운 어버이였다.

네 도력이 부족해서 버스가 굴렀어

저녁 늦게 종로 대각사를 출발하면 보현사 절 앞까지 가는 퇴계원행 시외버스가 끊겨 버린다. 그럴 때는 시내버스를 타고 신내동 17번 버스 종점에서 내려 걸어가야 한다.

배밭에 배가 큼직큼직할 때쯤, 시외버스를 놓친 스님과 나는 신내동 종점에서부터 보현사까지 걸었다. 그럴 때면 스님은 밤길을 묵묵히 걷기만 했다.

그날따라 스님에게 질문하고픈 일이 있어서 묵묵히 걷는 스님의 행선(行禪) 시간을 빼앗았다. 그 무렵 나는 충격적인 사건을 경험한 뒤였기 때문이다.

신체검사를 받으러 고향을 찾았을 때였다. 나는 가능한 빠른 시간 내에 모든 일을 마치고 서둘러 고향을 떠났다.

우리 동네에서 차를 타고 10킬로미터쯤 가면 구담이라는 꽤 큰 동네가 있다. 거기에는 인근 마을 사람들이 모여드는 5일장이 서는데,

내가 고향을 떠나는 날이 바로 구담 장날이었다.

내가 탄 버스가 구담에 도착하니 승객들이 정류소 마당 가득히 기다리고 있었다. 거기에다가 제각기 물건 한 보퉁이씩을 들거나 안고 있으니, 사람은 한 사람이지만 저마다 두 사람 자리는 차지했다. 아무리 기술 좋은 버스 차장이 차곡차곡 태우고 싣어도 그 많은 사람이 다 타기에는 태부족이었다. 벌써 구담까지 오면서 동네마다 서너 명씩 탄 사람만도 정원을 넘어섰다.

그런 상태에서는 으레 서로 옥신각신하거나 버스 차장과 다투는 일이 생긴다. 아니나 다를까. 참깨를 자루에 팽팽히 담아서 안고 있던 시골 아낙이 화를 내면서 악담을 쏟아댔다. 어찌나 독하게 소리를 질러대는지 사람들 틈에 끼어서 허리도 펴지 못하고 서 있던 내 귀에까지 앙칼지게 들렸다.

"이놈의 차, 가다가 홀랑 뒤집어져라!"

섬뜩한 기분이 들었다. 아낙의 앙칼진 목소리가 예리한 비수가 되어 가슴에 파고드는 듯했다.

그런 곡절을 겪으면서도 차는 서서히 출발했다. 버스가 조금씩 달리면서 이리저리 기우뚱거리니까 약간이나마 숨쉴 틈이 생기는 것 같았다.

얼마 후, 어느 정도 사람들도 진정이 되고 버스는 나름대로 속력을 내면서 달렸다. 창문을 몽땅 열어 놓고 가는데도 별별 냄새에 코가 진동했다. 앞을 보거나 좌우를 볼 엄두도 낼 수 없이 몸은 버스에 완전히 맡겨진 상태였다.

어느 순간, 버스가 갑자기 속도를 멈추더니 옆으로 밀리는 듯했다.

앞에서 차가 와서 피하고 있구나 하고 생각하는 순간, 버스가 한쪽으로 스르르 넘어가는 것이었다. 길 밑에는 시골 다락논이 층층이 있었는데 그리로 버스가 몸통째 누워서 구르기 시작했다.

몇 바퀴를 구른 버스는 그만 논바닥에 바퀴를 하늘로 향하고 드러누워 버렸다. 나는 어떻게 빠져 나왔는지 하도 놀라서 지금은 기억에 없다.

그렇지만 장터 아낙의 악담이 들렸을 때 이미 가슴이 서늘했고, 급기야는 그 악담대로 되고 말았으니 악담에 무슨 주술이 붙었을까 하고 두고두고 궁금한 마음이 일었다. 그래서 그날 밤길을 걸으면서 그 일을 스님에게 여쭈어 보았던 것이다.

그런데 스님의 대답은 간결했다.

"지원이가 도력이 부족하구먼."

그렇다. 내가 도력이 있었으면 아무리 악담을 한다 해도 버스가 굴렀을까. 그 앙칼진 악담(惡氣)을 능가할 도력이 내게는 없었으니 버스가 굴렀구나 하는 것을 느끼고 아무런 대답도 하지 못했다. 그리고 어두운 밤길, 걸음만 재촉했다.

스님은 또 계속해서 묵묵히 행선(行禪)을 했다.

차를 삶아서 올렸더니

절에 신도나 손님이 찾아오면 으레 다담상을 준비한다. 차로 서로 목을 축여 가며 상담이나 의문점을 해결해 간다. 대부분은 스님들이 직접 차를 끓여서 대접하곤 한다. 물론 스님 방에도 손님이 오면 시자가 차를 낸다.

스님은 가끔 "나는 차 마시지 않아"라고 하셨다. 평소 혼자 있을 때 우두커니 앉아서 차 마시느라고 시간 보내지 않겠다는 뜻이었다.

보현사에서 스님을 모시고 살 때다.

어느 날 손님이 와서 차를 준비하는데 그날 따라 후원에 사람이 없어서 아무것도 모르는 촌닭 같은 내가 나섰다. 차 끓이는 방식은 잘 몰랐지만 나름대로 정성껏 차를 달여서 갖다 드렸다.

한참 지나서 손님이 가고 난 뒤 차상을 물리러 가보니 내가 갖다 드린 그대로 찻잔이 놓여 있었다. 한 잔만이 아니고 두 잔 다 그대로였다.

나는 속으로 '이분도 우리 스님처럼 차를 좋아하지 않는구나' 하고 생각했다.

나중에 후원 담당자가 돌아왔기에 손님께 차 대접한 얘기를 자랑삼아 했더니만 내게 "무슨 차를 어떻게 끓였느냐"고 되물었다. "다통에 들은 차를 한 움큼 차관에 넣고 물을 부어서 오래도록 펄펄 끓였다"고 대답했다. 마치 한약을 달이듯 탕을 만든 것이다. 여기에서 탈이 난 것이다. 차를 푸르스름하게 우러나게 해야 하는데 붉게 삶아 버렸으니 어찌 차맛이 날 것인가.

그제야 의문점이 풀렸다. 두 분이 차가 싫어서가 아니라 마실 수가 없어서 그대로 둘 수밖에 없었던 것이다.

무지는 뻔뻔하고 용감한 것이다.

내일이면 늦으리

스님은 불광사가 완공된 후에도 한동안 갈매리 보현사에 머물렀다. 보현사는 명산 대찰로 이름난 절은 아니지만 비산비야(非山非野)의 아늑한 분위기여서 스님은 그곳을 편안해 했다.

스님은 낮에 잠실로 와서 불광사 일을 보고 저녁이면 다시 보현사로 갔다. 때로 불광사에 일이 없을 때는 아예 하루나 이틀 계속해서 보현사에서 지내기도 했다.

10년 전쯤 어느 해, 3월 말이나 4월 초순의 어느 날이었을 것이다.

스님으로부터 전화가 걸려 왔다. 웬만한 일에는 크게 간여하지 않고, 지시할 일은 불광사에 나왔을 때 직접 말씀하는데 그날은 스님이 손수 전화를 했다.

무슨 일일까 하는 약간 긴장된 마음으로 전화를 받았다.

"송암! 내가 학륜 수좌하고 산책을 하다가 진달래가 우거진 꽃밭을 보았어. 어떻게나 야단스럽게 피었는지 흔치 않은 광경이야. 지금 와서 한번 보렴."

"스님, 감사합니다. 그런데 오늘은 갑자기 가기가 어려울 것 같은데요. 일이 많거든요. 내일이면 좋겠습니다."

"내일이면 늦으리! 오늘이어야 해."

스님의 목소리엔 천진한 소년 같은 정감이 배어 있었다. 그래서 나는 만사 제쳐놓고 달려가리라 마음먹었다.

외출 옷을 챙겨 입으면서 얼핏 생각하니 진달래 꽃구경을 혼자만 가는 것이 미안했다.

'이 특별한 기회를 나 혼자 누리지 말고 절 식구들에게 권해 봐야지.'

그러고서 사무실로 내려가 스님이 진달래 꽃구경하라고 초청했다는 말을 전했다. 마침 합창단이 내려와 있다가 "와" 하고 달려들었다.

"우리도 같이 가요."

그날은 합창 연습이 있는 날이었고, 마침 연습이 끝난 무렵이었다. 덕분에 꽃구경 일행이 대폭 늘어나서 우리는 모두 버스를 타고 가게 되었다.

스님은 벌써 절 밖까지 나와 있었다. 보현사 언덕에 서서 그 긴 목을 늘여서 우리들을 기다리고 있었다.

"봄꽃이란 게 하루하루 빛깔이 다르거든. 그래서 굳이 오늘 오라고 한 거야."

스님은 우리를 데리고 앞장서서 꽃구경을 나섰다.

나는 어느 때라도 스님 뒤를 따라가면서 길다란 스님의 목과 타원형의 머리를 보면 청순함이 느껴졌다. 그날 따라 그 목이 순진무구한 소년처럼 더 청순해 보였다.

진달래꽃이 인정사정없이 마구 피어 있는 꽃 언덕에 도달했을 때, 스님이 뒤돌아서서 따라오는 법우들에게 미리 다짐을 두었다.

"여러분, 입을 크게 벌리지 말아요. 나중에 다물어지지 않아요. 그럼 나 책임 못 져요."

그 말씀과 표정이 어찌나 재미있고 우스운지 다들 큰소리로 웃고 말았다.

정말 지천으로 피어 있는 진달래는 토양이 비옥해서인지 꽃잎이 크고 두꺼웠다. 공기가 맑아서 색감도 좋았고 한두 그루만 있어서 저 혼자 자태를 뽐내는 것도 아닌, 서로 어울려 온통 골짜기와 언덕에 가득해서 더욱 좋았다.

무척 드문 일이었다. 꽃이 좋다고 소임살이 하는 상좌를 불러서 꽃 구경시킨 일이 내 기억에는 그 전에도 그 후에도 없었다.

진달래꽃으로 보여 준 스님의 법문.

지금도 봄이 되어 붉게 피어 있는 진달래만 보면 그때 스님의 소년 같은 그 웃음이 생각난다. 그리고 그때 그 진달래 빛깔과 같은지 유심히 바라본다.

도피안사 주변 산야에 핀 진달래 빛이 정말이지 하루하루 달라지는 걸 볼 때마다 어디선가 "내일이면 늦으리!" 하는 스님의 목소리가 들려오는 듯하다. 그래서 지금도 "내일이면 늦으리!" 하는 스님의 말씀을 화두(話頭)처럼 받들고 있다.

상좌의 성적표

나는 고등학교 졸업장을 검정고시 합격증으로 대신했다. 절에 온 뒤에도 한동안 학교 공부는 거들떠보지도 않고 그저 도인이 되어야지 하는 생각으로 세월을 보냈다. 누가 학교 공부 얘기를 꺼내거나 비슷한 또래들이 대학을 가면 안중에도 없다는 식이었다. 학교 공부 하려면 집에서 하지 뭐 하러 절에 왔나 하는 생각이었다.

오직 도 닦는 일에만 허둥거렸는데 후일 어떤 기연을 만난 뒤 생각이 바뀌고 말았다. 그래서 스님에게 대학을 가겠다고 여쭙고 다시 학교 공부를 시작했다.

그래서 꽤 나이가 많이 든 다음에 대학을 가게 되었다. 늦게 하는 공부이긴 했지만 다시 하는 공부인 만큼 공부할 때는 더욱 착실한 스님의 상좌이며 아들이 되고 싶었다.

공부를 시작한 지 채 1년도 안 되어 대학 입학 검정고시 합격증과 성적표를 받았다. 합격증과 성적표를 들고 스님에게 보여 드리는 것이 쑥스러워서 망설이고 있는데, 지홍 스님이 대신 가져다 보여 드렸다. 그랬더니 스님이 어찌나 좋아하는지 나 또한 그 기쁨을 말로 표현할 수가 없었다.

스님 방에 불려 들어가니 스님은 전기장판에 앉아 합격증을 찬찬히 읽고 각 과목 점수까지 짚어 본 뒤 윗몸을 뒤로 약간 들어 나를 건너다보았다.

그 눈빛은 뭐라고 할까, 말로 표현하기 어려운 한량없는 사랑의 눈빛이었다고나 할까. 수십 년의 세월이 흘러간 지금도 내 가슴속에 그때 스님의 눈빛이 간직되어 있다.

그 뒤로도 대학 생활에서 학기마다 나오는 성적표를 들고 스님을 찾아뵈면 역시 좋아하는 모습이 처음과 같았다. 스님 당신이 공부를 좋아해서일까, 내가 상좌니까 대견해서일까.

사실 성적표 중에서 어떤 과목은 스님에게 보여 드리기 민망한 점수도 있었다. 그럴 때는 솔직히 망설여졌다. 그냥 안 받은 체 하며 슬쩍 지나갈까 생각한 적도 있었다.

그러나 스님이 기뻐하는 모습이 떠오르면 용기를 내어 있는 그대로를 보여 드렸다. 성적표를 보여 드리고 나면 스님은 성적에 관계없이 용돈도 더 많이 쥐어 주었다.

산중 원맨쇼

나는 늦은 나이에 대학을 가겠다고 입시학원엘 다녔다. 아침에 일찍 서울로 나가서 하루 종일 책과 씨름하다가 저녁 늦게 경기도 퇴계원에 있는 보현사로 돌아왔다. 이런 일이 반복되다 보니 나도 모르는 사이에 피로가 누적되고 정신적으로도 무척 힘이 들었다. 그래서 그랬던지 가끔 나태한 생각이 들기도 했다.

그때 보현사에는 나이 많은 공양주가 있었다. 그런데 이것저것 잘 챙겨 주기도 했지만 잔소리도 워낙 많이 해서 마치 어머니 같은 느낌이 들었던 분이다.

그날도 지친 몸을 이끌고 시골길을 걸어 절에 도착하니 마침 스님이 서울 나가서 돌아오지 않았다. 늦은 시각에는 거의 대각사에 그냥 머물기 때문에 그날도 안 오리라 생각하니 갑자기 내 세상이 된 것 같았다.

스님, 나, 공양주 셋이서만 지내다가 스님이 안 오면 당연히 보현사는 내 세상이었다. 그리고 보현사는 야산이긴 해도 중턱에 자리잡고 있어서 마을하고는 거리가 조금 떨어져 있었다.

늦은 저녁이지만 저녁을 먹고 나니 새로운 기운도 났고, 뭔가 탁 풀리는 것 같은 기분이 들어서 군대 시절에 부르던 노래를 하나 불러 보았다. 그때까지만 해도 웬만한 곡은 잊지도 않고 가사랑 곡조랑 모두 머릿속에 살아 있었다.

과거 군대 생활에 대한 생각도 나고 해서 한 곡 더 하고 나니 이제는 머릿속에서 떠오르는 대로 군가를 부르고 싶었다. 소대 회식 때 즐겨 불렀던 유행가도 불러 보았다.

한참 부르다 보니 제 흥에 취해서 나는 다듬이 방망이를 마이크로 삼고 일어서서 신나게 불러댔다. 공양주 할머니가 짝짝 박수까지 맞춰주니 더욱 기분이 도도해졌다. 마음껏 고개를 제쳐 들고 혼자서 한 시간이나 노래를 불렀다.

그런데, 내가 돼지 멱따는 소리로 기고만장하여 노래 부르고 있을 때 그만 하늘이 무너지는 일이 벌어졌다. 대각사에 그냥 머물러야 마땅한 스님이 웬일로 그 밤길을 도와 기어이 보현사에 돌아온 것이었다.

스님은 혼자서 조용히 방으로 들어갔다. 으레 외출했다 돌아오면 기침을 해서 소식을 알렸는데 그날은 아무런 기척 없이 혼자 방으로 들어간 것이다. 그러니 고성방가로 한창 신이 올라 있던 내가 무슨 재주로 그 사실을 알았을까.

부를 만한 노래는 다 한 번씩 불러 지쳐 떨어졌을 때가 되어서야 나는 스님이 돌아왔다는 사실을 알았다. 그러니 스님은 아마도 중간

쯤부터는 내 노래를 다 들었을 것이다. 무섭고 창피하고 부끄러워 미칠 것만 같았다.

보통 때 같으면 꾸지람을 듣고 훈도를 받았을 텐데 웬일로 그날은 모르는 체 해주었다. 어안이 벙벙하기도 했고 불안하기도 했다. 잠이 오지도 않았다.

그 이튿날, 공양상을 들고 들어가도 스님은 아무런 말씀 없이 가만히 건너다보면서 웃기만 했다.

'나도 네 기분 알아.'

그런 뜻이었을까. 내게는 스님의 웃음이 며칠간 화두가 되었다.

그것으로 끝이었다. 스님의 훈도 방식이 늘 그런 식이었으므로 나도 그 웃음에 걸맞게 놀란 가슴을 쓸어 내리며 본분을 다잡아야 했다.

담배 냄새가 난다?

부처님에 대한 스님의 신심은 남달랐다. 스님을 잘 아는 분들의 애기를 모아 보면 스님은 보통 사람보다 더 많은 병을 가지고 있었고, 또 어떻게 보면 병 속에서 일생을 보냈다고 해도 과언이 아닐 정도인데, 그런 병고 속에서도 건강한 사람 이상 구도와 전법에 헌신할 수 있었던 힘은 오로지 신심 덕분이었다고들 한다.

과연 곁에서 느끼기에도 스님에게 믿음이 없었다면 벌써 넘어졌을 것이라는 생각이 들 때가 여러 번이었다. 오직 큰 원과 튼튼한 믿음의 힘으로 온갖 어려움을 이기고 '불광'을 만들고 키워 왔던 것이다.

이와 같은 스님의 신심이 어디서 생겼을까. 절에서 오랫동안 살면 저절로 생겨서 쌓여 가는 것일까, 아니면 특별한 기도를 통해 은혜를 받은 것일까.

이 물음에 대한 대답을 스님의 법문을 통해서 찾아보면 이미 스님은 병 없는 곳의 소식을 들었고, 병이 이르지 못하는 곳의 진면목을 보고 있었던 것이리라 생각된다. 그렇기 때문에 스님의 육신은 병상에 누웠어도 정신은 추운 겨울 구름 한 점 없는 밤하늘의 차가운 별처럼 초롱초롱했다.

그리고 스님은 비록 말로 일일이 표현하고, 스스로의 의사를 모두 나타내지는 않았지만 주변 상황과 사람들의 마음을 손바닥의 손금 들여다보듯이 훤히 파악하고 있었다. 병이 무거워서 스님 당신의 몸놀림이 불편하고 거동이 힘들었어도 정신적으로 엄격히 스스로를 절제하고 적절히 통제했다. 그 모든 힘은 역시 스님의 믿음으로 가능한 일이었다고 생각한다.

이러한 힘은 스님 자신을 조절하는 일뿐만 아니라 사람들을 대하는 데도 똑같이 통했다. 누가 와서 무슨 말을 하면 고스란히 그 내용을 받아들였다. 곁에서 제3자가 듣기에 거짓말 같은 내용인데 스님은 조금의 가감도 없이 그대로 받아들이는 것이었다. 스님을 속이려고 하는 사람이라도 한치 의심 없이 완전히 속아(믿어) 주었다.

이것이 스님의 힘이고 자비이고 지혜라고 밖에 달리 해석할 수가 없다. 왜냐하면 사람을 대하는 신뢰의 힘이 한결같았기 때문이다. 근본을 꿰뚫고 나오는 큰 힘이 아니고서는 이렇게 시종일관 누구에게나 똑같을 수가 없을 것이다. 스스로 잘못을 깨달아서 자기의 행을 고치게 하는 궁극적인 교육 방법이야말로 지극히 불교적인 것이었다고 생각한다. 깨달음은 잘한 것만 인정하거나 느끼는 것이 아니라 잘못된 것도 인정하고 통감하는 것이기 때문이다.

이렇게 스님은 믿음을 통해 실로 많은 사람들에게 깊은 깨달음을 주었다.

나는 군에 갈 때 계첩과 가사를 스님에게 반납하고 일반인의 신분으로 가서 자유롭게 전방에서 군 생활을 했다. 물론 술도 마시고 담배도 피워 보았다. 일반 병사들과 똑같은 군인 생활이었다.
　훗날 보현사에서 뒤늦게 대학 입시공부를 할 때 피곤하고 지쳐서 공양주 할머니가 피우던 담배를 한 대 얻어 피운 적이 있었다. 군 시절의 습성이 어딘가에 남아 있었기 때문이었다.
　공교롭게도 그때 스님이 부르는 바람에 엉겁결에 뛰어갔다. 스님 방에 들어서자마자 담배 냄새가 진동했을 것이다.
　눈치를 챈 스님이 조용히 물었다.
　"어디서 담배 냄새가 난다?"
　나는 황급히 거짓말을 둘러댔다. 공양주 보살님 방에서 밥 먹을 때 보살님이 담배를 많이 피워서 연기가 옷에 묻었을 거라고 둘러댔다. 옷에 묻어서 나는 냄새와 입만 벌리면 풀풀 솟는 냄새는 금방 차이가 날 텐데 나는 거짓말을 했다. 그런데도 스님은 그런 거짓말을 믿어 주었다.
　나는 그 후로 스님을 속인 것이 두고두고 미안하고 죄송해 담배는 쳐다보지도 못했다.
　옳고 그름을 그 자리에서 딱 갈라서 호되게 질책하는 것보다 수십 배나 큰 질책과 꾸중이 내 가슴속에 오랫동안 남아 있었다.

스님 방 꿀병

함께 뒹굴면서 커온 어린 시절이 일반인들에게도 있겠지만 일찍이 절에 와서 함께 산 동승들에게는 따뜻한 부모 품안보다 도반이 더 좋고 그립다.

지홍 스님은 나보다 조금 먼저 사미계를 받았고, 비구계는 내가 조금 먼저 받았다. 우리 둘은 친구며 형제다. 둘 다 홍도 스님의 소개로 광덕 스님에게 가기도 했고.

내가 범어사 공양간 행자 시절에 지홍 스님은 행자들이 부러워하는 원주실 시자로 있었다. 어느 땐가 공양간에서 일을 하고 있는데 소리도 없이 다가와서 허리춤에 들고 있던 수박 한 쪽을 불쑥 내밀었다. 엉겁결에 받았지만 덕분에 나는 수박을 맛있게 먹었다.

우리는 앞서거니 뒤서거니 광덕 스님의 상좌가 되어서 남양주 보현사에서 같이 지냈다.

스님이 보현사 아래 2층 양옥집에서 주석할 때다. 우리는 절에서 지냈으니까 둘이서 교대로 오르내리며 스님 방 청소를 하게 되었다.

매일 방을 닦고 마루를 닦으니 먼지가 있을까마는 우리 둘은 하루도 빠짐없이 또는 자기 차례가 오면 부리나케 내려가서 청소를 하곤 했다.

그런데 거기에는 우리만의 추억이 있었다.

스님 방에는 비밀스런 다락이 하나 있었다. 청소를 할 때마다 항상 저 다락에는 무엇이 있을까 궁금했다. 다락 청소란 건 없으니 거길 열어볼 수도 없었다.

어느 땐가 스님이 그 다락에서 과자 상자를 꺼내어 먹으라고 내주었다. 그러니까 다락은 내게 보물창고 같은 느낌이 들었고, 언젠가는 한번 올라가 봐야지 하면서 노리기도 했다.

스님이 외출한 날, 드디어 내가 담당하는 청소 날이었다. 나는 부리나케 청소하러 내려갔다.

청소를 얼른 해치우고 그 동안 눈독들여 왔던 보물창고, 스님의 다락문을 열어제쳤다. 그런데 이것은 뭐람. 썰렁한 다락에는 쥐똥만 어지러이 흩어져 있었고, 그 가운데 책 몇 권만 달랑 놓여 있었다. 실망 천만이었다. '이것은 아닌데' 하는 생각에 어이가 없었다.

그런데 어둑한 구석을 보니 병이 하나 놓여 있었다. 내용물이 삼분의 이 정도가 담긴 큰 병이었다. 가만히 살펴보니 꿀병이었다.

"옳거니!"

얼른 찻숟가락을 가져다가 맛을 보니 역시 꿀이었다. 스님이 건강이 안 좋으니 아마 어느 신도가 약으로 공양을 한 것일 터였다.

나는 첫날은 맛만 보고 원래 있던 대로 두었다. 그 이후로 기회 닿는 대로 꿀을 떠먹기 시작했다. 들킬까 무서워 욕심을 누르고 한두 숟갈씩만 먹었다.

그러나 내가 보기에는 매일 그대로인데 스님이 보기에는 날마다 푹푹 줄어들었을 것이다. 나는 아무도 몰래 꿀을 먹는다고 생각했는데, 또 한 사람이 나와 같은 생각을 하고 있었던 것이다. 그게 문제였다.

우리는 양을 조절한다고 나름대로 노력했지만 결국 둘이서 경쟁적으로 퍼먹다 보니 스님 눈을 속일 수 없었던 것이다.

우린 스님 앞에 무릎 꿇고 앉아서 훈도를 들었고 참회를 했다. 먹고 싶은 것이 많을 때고 개구쟁이 시절이라고 생각할 수 있을지 모른다. 그렇지만, 어른 것을 소중히 여기고 주지 않는 물건은 갖지 말아야 된다는 출가의 기본을 망각한 상좌들에게 스님은 바른 길을 일러주었다.

지금도 무릎 꿇고 앉아 스님의 훈도를 받고 싶다. 스님이 열반한 뒤 문득 무릎을 꿇고 스님 앞에 앉고 싶을 때가 많아졌다. 무릎 꿇어 참회할 대상이 있다는 게 얼마나 소중한 것인지를 이제야 알게 되다니 철이 들면 그 기회는 사라지는 것인가.

그립다. 그리고 그때 몰래 먹던 꿀맛도 그립다. 그 후 여러 가지 꿀을 다 먹어봤지만 스님 몰래 먹던 그 꿀맛만은 못했다.

아마 난 시인이 되었을 거야

　내 나이 스물하나 되었을 때(1973년), 스님은 서울 종로 대각사에서 일을 보고 저녁이면 경기도 남양주군에 있는 보현사로 갔다. 그때 나는 스님을 모시고 아침에 대각사로 왔다가 저녁에 함께 가기도 하고, 때로는 다른 시자가 모시기도 했다.
　어느 날인가 저녁 공양을 대각사에서 마치고 좀 늦게 출발했다. 그때는 종묘 쪽 담장을 끼고 무허가 집이 다닥다닥 붙어 있었고, 그 앞길을 걸어서 세운상가 앞 버스 타는 곳까지 가야 했다. 그때 스님은 조금 앞에 걷고 나는 뒤에서 따라갔다. 그런데 그날 따라 초열흘 정도가 되었는지 달이 환하게 밝았다.
　나는 그때만 해도 아무것도 모르고, '이분이 내 스님이시다' 하는 맹목적인 충성심만 가지고 있었다. 어린 마음에 스님의 상좌라는 것만으로도 뛸 듯이 좋고 기뻤다. 어디든지 나를 데리고 가 주면 그것으로 좋았고, 행여 나를 빼고 다른 시자와 함께 가면 그런 날은 온종일 힘이 쭉 빠졌다. 그런 때였으니 제대로 된 생각이나 판단이 있었을까마는 그날 따라 무척 당돌한 질문을 스님에게 올렸다.

"스님, 스님 생활이 좋으세요?"

지금 생각하면 참 엉뚱하기 짝이 없는 질문이었다.

스님은 내 질문을 가만히 듣고는 나를 건너다보며 한 말씀했다.

"그래, 난 스님 생활이 좋다. 싱거운 녀석, 참!"

"스님, 만약에 스님이 안 되었으면 무엇이 되셨을까요?"

다시 한 번 엉뚱한 질문을 하자 스님은 한동안 땅만 보고 걸었다. 나는 속으로 '내 질문이 말 같지 않아서 대답을 않으시는구나' 하고 부끄러워했다. 그래서 아무 말도 못하고 죄 지은 심정으로 스님을 따라 걸었다.

한참이 지났는데 스님이 그제야 대답했다.

"아마도 시인이 되었을 거야!"

솔직히 말해 나는 그 말씀을 한동안 이해하지 못했다. 시(詩)를 잘 몰랐으니 시인(詩人)이 뭔지도 대략 짐작만 하던 때였다. 스님을 하늘같이만 생각했던 때라 내 머릿속의 대답은 큰 학자나 법률가 등 누구든지 듣기만 하면 입이 딱 벌어질 정도의 거창한 직함을 기대하고 있었다.

많은 세월이 지난 뒤 조금씩 스님의 진짜 모습이 내 눈에도 다가왔다. 주옥같은 찬불가 가사를 만들고,「보현행원송」을 짓고 발췌하는 안목을 보았을 때, 비로소 그날 달 밝은 밤에 철부지 시자와 걸으면서 한 말씀의 속내를 깨달을 수 있었다.

특히 스님이 노랫말을 붙인「파랑새 울고(초파일 송)」를 들어 보면 그 감동에 가슴이 뭉클해지곤 한다.

파랑새 울고(초파일 송)
꽃 피고 파랑새 울고 무지개 피어오르고
룸비니 동산은 춤을 추었네 하늘은 꽃비 내리고
감로를 비 내리고 음~

(후렴) 오 찬란한 아침이여 부처님 오셨네
진리의 태양 생명의 태양 솟아오르네
나무석가모니불 나무석가모니불

연꽃 가득 핀 천지 평화 환희 너울 치니
눈부신 지혜 하늘을 덮고 이 땅 구하실
뜨거운 자비 피어났네 음~

하늘 중 하늘 오셨네 성인 중 성인 오셨네
생명의 물줄기 온 누리 적시니 이 땅 부처님 나라
우리는 불국의 역군 음~.

2

감격시대야

시 봉 기

　　　　　　　　　　　　　　　나이 서른 살에 나는 종립 동국대학교에 다녔다.
　　　　　　　　　　　그 나이에 기숙사에 있자니 나이 많은 내가 맡는 일이 많았다.
　　　"스님, 제가 기숙사를 떠나면 기숙사가 손해입니다. 제가 없으면 아마 되는 일이 없을 걸요?"
　　　　　　　　　　　　　　그 순간 스님이 준엄한 모습으로 나를 바라보았다.
　　　"이 고약한 녀석, 은혜를 모르면 사람도 아니다. 기숙사는 많은 사람들의 배려와 기대가 있고,
　　　　　　무거운 종단의 은혜가 있는데도 너는 그 은혜를 저버리는 언행을 했다.
　　　은혜를 모르는 놈을 내 상좌로 둘 수 없으니 다시는 내 앞에 나타나지 말고 어서 떠나라!"
　　　이마를 땅에 대고 납작 엎드려서 빌고 또 빌었지만 스님의 진노는 사흘이나 계속되었다.

난다 이야기

나는 출가할 당시 어떤 인연으로 서울에 잠시 있었다. 그때 서대문 녹번동에 보현사를 짓기 시작했던 홍도 스님을 만났다.

나는 홍도 스님에게 출가 의사를 밝히고 훌륭한 스승님 밑으로 안내해 달라고 요청했다. 홍도 스님을 만나기 몇 해 전에도 출가하려고 대구 동화사에 간 적이 있었다. 친구와 무작정 진주로 해서 지리산으로 가본 적도 있었지만 다 실패했다. 이번에는 꼭 뜻을 이루어야겠다고 마음속으로 다짐을 하고 홍도 스님에게 드린 청이었다.

녹번동 보현사에서 며칠 기다리고 난 뒤 소개장(당시 총무가 홍도 스님의 이름으로 대신 썼음)을 들고 땅 끝이다 싶은 부산 범어사로 찾아갔다. 1971년 3월 8일, 그러니까 내 나이 열아홉 살 때였다.

남쪽은 훨씬 따뜻했고 처음 보는 범어사 도량은 편안하고 반가웠다. 지공 스님이 군에서 갓 제대하고 스님 시봉을 하고 있었다. 지공 스님은 사람이 나빠서가 아니라 성격이 워낙 활달하여 때로는 사람들에게 잘난 체 한다는 인상을 주기도 했다.

"여기 왜 왔어요?"

조그만 가방을 들고 찾아간 내게 지공 스님은 턱을 위로 치켜들고 아래위를 훑어보았다.

쑥스럽기도 하고 어색하기도 해서 어물거렸더니만 대뜸 이렇게 말했다.

"행자로 왔구먼."

덕분에 자세히 설명할 필요가 없었다. 그러고서 지공 스님은 나를 말로만 듣던 광덕 스님에게 안내했다.

막상 스님 앞에 서니 절에 대한 예절도 모를 때였지만 몸과 마음이 제각각 움직이는 느낌이 들었다. 그냥 꿇어앉아 있으면서 스님이 묻는 말씀에 따라 간신히 답변만 했다.

그러나 출가에 대해서는 그 동안 생각해둔 결심이 있는 터라 또록또록하게 말씀드렸다. 그리고 소중히 간직해온 소개장을 드렸더니만 스님은 읽으면서 몇 번 나를 내려다보았다. 그것으로 끝이었다.

"이 사람 후원으로 데려다 줘."

스님은 밖에 대기하고 있던 시자를 불러 일렀다. 이렇게 일단 1차 관문을 통과했다.

후원에서 생활하면서 행자들끼리 나누는 얘기를 들어보니 광덕 스님은 범어사에서도 큰스님으로 감히 곁에 가기도 어려운 분이었다. 그런데 나는 서울에서 광덕 스님 앞으로 소개장을 들고 바로 갔으니 모두들 부러워했다. 그래서 행자들은 내가 장차 광덕 스님 상좌가 될 것으로 믿어 주었다.

그런데 행자 생활을 한 지 한 달이 가까워 와도 스님이 한 번 부르지도 않고 관심도 주지 않았다. 시자를 시켜서라도 한 번 챙겨 주면 같은 행자들 사이에서 내 위치가 확실해질 텐데 말이다.

나는 어느 날 용기를 내어, 그야말로 겁 없이 스님 방을 찾아갔다. 시자에게 여쭐 일이 있어서 스님을 뵙게 해 달라고 했더니만 곧 마루로 올라오라는 뜻을 전했다.

부엌에서 허드렛일을 하면서 행자복을 입은 초라한 행자가 응접실 구석에 서 있으니 스님이 문을 드르륵 열고 나왔다.

"응, 너였구나. 잘 지내느냐?"

그때서야 스님은 내가 기억에 떠오르는 모양이었다. 나는 큰절을 올리고 미리 준비해 온 이야기를 무턱대고 말씀드렸다.

"스님, 제가 절에 오기 전에 사귀던 여자 친구가 있었는데 무척 보고 싶어서 마음이 괴롭습니다."

좀 당돌한 말이었지만 행자인 내가 여기 큰스님 처소에까지 왔을 때는 이미 큰마음 먹고 감행한 일이었다. 나는 정말 무모한 용기를 내서 그렇게 말해 버렸다.

스님은 말없이 나를 가만히 건너다보더니 부처님의 사촌동생 난다 이야기를 해주었다.

난다는 부처님께서 도를 이루고 고향 카필라바스투에 갔을 때 출가한 여러 왕자 중 한 사람이었다. 난다는 출가하기 전 이미 결혼하기로 한 여인이 있었다. 그래서 초기에는 많은 괴로움이 있었지만 부처님을 믿고 의지하면서 애정을 극복하여 마침내 훌륭한 수행자가 되었다.

지금은 스님이 무척 자상하게 말씀했다는 것과, 무릎을 너무 오래 꿇고 앉아서 이야기를 듣느라 다리가 아팠다는 것 외에는 기억이 없다. 그래도 난다 이야기는 스님이 나를 위해 일러준 최초의 법문이었다.

스님이 꾸중을 하지 않고 달래고 쓰다듬어 주었다는 것만으로 나는 기쁨을 감추지 못했다. 사실 여자 문제가 아니라 어떻게 스님하고 마주 앉을 수 있나 궁리하다 보니 그리 되었을 뿐이었다.

어쨌든 나는 소원을 이루었다. 저녁에 행자 방에서 낮에 스님 뵌 얘기를 자랑스레 꺼냈더니 모두가 부러운 눈빛으로 쳐다보았다. 그때 20여 명의 행자는 제각기 어느 스님을 스승으로 모시느냐 하는 문제로 긴장되어 있을 때였으니 더욱 나에 대한 눈길이 선망으로 가득했다. 나는 우쭐했다.

잠자러 절에 왔나?

경기도 퇴계원 갈매리 보현사에서 철야정진을 했다. 불광법회가 만들어지기 전 학사불교회 불자들과 함께 하는 정진이었다. 토요일 오후 법우들은 직장이나 학교에서 제각기 출발하여 집에 들르지 않고 바로 보현사로 모여들었다. 그런 때는 나도 스님을 따라서 함께 철야를 하곤 했다.

그즈음 나는 출가한 지 얼마 되지 않아서 형상만 덩그러니 스님이지 수행이나 앎은 일반 재가불자들만 못하였다. 법문을 이해하는 것도 그렇고 용맹정진도 그랬다.

그때 동참 대중은 다같이 저녁 공양을 하고 저녁 예불을 모셨다. 그 다음부터 짜인 정진 순서에 따라 하나하나 계단을 올라가듯 밤새도록 정진에 몰두했다.

철야정진을 하다 보면 보통 저녁 9시부터 10시 사이에 가장 졸렸다. 그 시간만 넘기면 새벽 2시까지는 너끈하게 버티는데 항상 그 시간이 문제였다.

그날은 다른 철야정진 때와는 달리 좌선 시간이 한 시간 앞당겨 9시부터 시작되었다.

아니나 다를까 스님의 좌선 죽비가 울린 지 채 10분이 되기 전에 나는 꾸벅꾸벅 졸기 시작했다. 평소에 그 무섭던 스님도 눈에 안 보이고 정신없이 잠이 쏟아져 내렸다.

보다 못한 나머지 스님께서 죽비로 경책했다. 그것도 잠시뿐 나는 또다시 이마를 법당마루에 찧어가며 사정없이 졸기 시작했다. 그때 갑자기 어깨에서부터 등줄기까지 불이 확 붙듯이 살이 갈라지는 아픔과 동시에 요란한 죽비소리가 '짜자작' 하고 일었다.

나는 너무도 아파서 깜짝 놀란 나머지 자신도 모르게 벌떡 자리에서 일어섰다. 순식간에 잠은 천리 만리 달아났다.

눈을 떠보니 스님께서 죽비를 들고 앞에 서 있었다. 순간 고개를 떨구었다. 이 세상에서 가장 무서운 분이 내 앞에 산처럼 우뚝 가로막고 있었다. 불이 흐르는 눈길과 동시에 호통이 떨어졌다.

"이 잠꾸러기, 곰 같은 녀석! 잠자러 절에 왔나? 밥값도 못하는 녀석!"

나는 좌선 시간에 졸다가 스님께 경책을 받았고, 그래도 부족해서 호되게 두 번째 경책을 받고 있었다. 평소에 나는 스님이라는 상에 젖어 우쭐했는데 좌선 시간에 졸다가 스님으로부터 경책을 받게 되었으니 재가불자들 보기에 정말 부끄럽고 민망했다.

그 다음부터는 스님과 함께 정진하는 시간에 조는 일이 없었다. 스님의 엄한 죽비에 한 가지 나쁜 버릇이 고쳐졌다. 물론 졸음은 생리적인 것이기에 어느 때나 잠이 부족하면 몰려오기 마련이지만 뭔가 목적을 가지고 맞서면 졸음이 밀리게 되고 마침내는 물러가게 된다.

평소에는 온유하던 스님도 정진 시간에는 사자처럼 위엄과 용맹을 떨쳤다. 드넓은 평원을 정진의 세계로 만들었다.

황소 같은 녀석

1973년쯤 되었을까, 내가 사미였을 때다.

출가 득도하여 처음으로 스님 곁에 머물던 시절, 하루는 객 스님이 보현사에 찾아왔다. 그 스님은 내게 스님 계시는 곳을 묻지도 않고 바람같이 나를 스쳐서 스님 방으로 갔다. 키는 크고 걸음이 어찌나 빠른지 지나가고 난 뒤에도 바람결이 일어서 나는 가만히 객 스님이 사라진 쪽을 보고만 있었다. 그렇게 우두커니 서 있는데 스님이 부르는 소리가 들려 얼른 뛰어갔다.

"스님, 저 왔습니다."

"이 스님께 인사를 올려야 하니 가서 가사 장삼 입고 다시 와라."

부랴부랴 가사 장삼을 챙겨 입은 나는 다시 스님 방으로 달려갔다. 그리고 상대가 어떻게 생겼는지 얼굴은 쳐다볼 엄두도 못 내고 절만 꾸벅꾸벅 했다.

모든 것이 어렵고 두렵기만 했던 시절, 어떻게 무엇을 해야 될지 분간이 서지를 않아 항상 허둥거릴 때였다.

　절을 마치고 자리에 꿇어앉자 스님이 입을 떼었다.

　"네 사숙님이시다. 잘 모셔라."

　그리고는 그 스님에게 내 소개를 했다.

　"이 아이가 황소 같은 녀석입니다. 스님께서 잘 지도해 주세요."

　나는 뒷걸음으로 물러 나왔다.

　그때 들은 말씀이 얼마나 내 가슴에 깊이 박혔던지, 그 사숙은 지금 세속에 몸담고 있는데도 항상 사숙님이라고 부른다. 잘 모시라던 스님의 말씀을 지금도 잊지 않고 있다. 스님이 한번 잘 모시라고 했으면 마을에 있든 절에 있든 나한테 그건 상관이 없는 것이다.

　그런데 스님이 나를 황소라고 한 까닭이 따로 있다. 처음 수계할 때 은사를 모시는 과정에서 내가 황소처럼 우직하게 고집을 부린 일이 있었다. 그때 스님은 서울에서 종단 일을 보고 있을 때였다. 아마도 내 우직한 고집을 그때 스님이 전해 들었던 것 같다.

　내가 사미계를 받게 되었을 때, 나는 한사코 광덕 스님을 은사로 하지 않으면 출가하지 않겠다고 버텼다. 급기야 다시 속가로 돌아가 시위하는 일까지 생겼다.

　이때 내 고집 얘기를 지환 스님을 통해 전해 들은 스님이 마침내 허락을 해 주었다. 비로소 나는 스님의 상좌가 된 것이다.

　내가 스님의 상좌가 되는 데에는 이미 입적한 홍도 스님의 인도와 지환, 지오 사형들의 도움이 컸다.

　나중에 안 사실이지만 그때 보현사에 찾아온 객 스님은 홍교 스님이었다. 그 자리에서 스님은 홍교 스님에게 나를 소개하고 지도를 부탁하면서 황소라고 처음 인가해 준 것이다.

  나는 지금도 그 황소라는 스님의 인가(?)를 마음속에 간직하면서 살고 있다. 부처님 법을 펴는 데 황소가 되자. 스님의 사상을 계승하는 데 황소가 되자. 무슨 일이든 옳은 일이라면 황소가 되자……. 늘 이렇게 다짐하고 있지만, 그러나 아직 황소가 못 되었다. 황소 같은 녀석일 뿐이다.

상좌가 올린 편지

나는 열아홉 살에 입산해서 속가와는 소식을 끊고 지냈다. 그러다 보니 군 입대 신체검사 통지서가 나왔는데, 내게 연락이 닿지 않아 본의 아니게 늦게 군에 입대했다.

1974년 10월 말에 입영하라는 통지서를 받아 놓고 두 달 전인 8월 말에 오대산 보궁을 찾아 기도하기로 했다. 물론 스님에게 허락을 받고 난 뒤였다. 그 당시 스님은 대각사와 보현사를 오가면서 수행할 때였다.

나는 밀짚모자를 눌러쓰고 바랑을 지고 표표한 운수납자가 되어 오대산으로 향했다. 월정사 큰절에서 점심을 먹고 마침 상원사에 올라가는 스님이 두 분 있어서 함께 굽이굽이 돌아 걸었다.

문득 고개를 들어 파란 하늘을 올려다보니 구름은 둥실 비로봉 영마루를 넘고 있었고, 계곡 물은 나하고는 반대 방향으로 흘렀다.

문득 옛 시조 한 구절이 떠올랐다.

'나는 청산을 향해 가는데
푸른 물 너는 어찌하여 오고 있는가?'

그러고 보니 나도 흐르고, 물도 흐르고, 구름도 흘렀다. 어린 마음에 갑자기 시심(詩心)이 떠올라 그 광경과 느낌을 적어 스님에게 문안 편지를 올렸다.

그 시절 스님은 대각사에 모이는 학사불교 회원들에게 설법을 할 때다.

후일 어느 회원한테서 들은 얘기인데 그때 내가 보낸 편지 내용을 스님이 법회 때 인용해 말씀하더라는 것이다. 그 얘기를 듣고 나는 좋다고 할 감정까지도 몰랐고, 그냥 얼굴 붉히며 어쩔 줄 몰라 하는 수준이었다. 그런데도 두고두고 잊혀지지 않는 것은 감성 풍부한 스님이 철부지 상좌의 편지를 보고 느꼈을 한 줄기 시심, 그 시심을 담은 스님의 고운 모습이 떠오른다.

내가 무슨 용기로 그런 편지를 썼는지는 모른다. 아마도 내가 어디에 있는가 스님이 궁금해할 것 같아 인사 겸 드린 편지였던 것 같다.

고인이 이르기를 최상의 행복은 존경하는 스승과 함께 있는 것이라고 했던가. 그래서 스님한테서 너무 멀리 떨어져 있는 외로움을 편지로 달랬었나 보다.

서원이 없으면 밥값도 못하는 법

    1982년, 불광 창립기념법회(10월 16일)를 잠실에서 했다. 대각사에서 불광법회를 시작한 지 만 7년째가 되는 해였다.
    그때까지만 해도 불광사의 골격은 완성되었지만 내부 시설은 손볼 게 많았다. 그래서 살면서 하나하나 다듬어 가기로 했다. 법당에 모실 부처님도 우선 이사부터 하고 난 뒤에 스님이 직접 신상균 불상연구소에 걸음을 하면서 조성하던 중이었다. 그때는 재주가 있고 눈썰미가 빠른 지홍 스님이 늘 모시고 다녔다. 오전에 출발하면 오후가 되어야 스님이 귀사하곤 했다.
    어느 날이었던가. 불상연구소에 다녀온 스님의 옷을 받아 걸고 있을 때 스님이 혼자 말씀을 했다.
    "거 참, 지장보살 존상을 조성하는데 자꾸만 지원 수좌의 얼굴이 나오곤 해. 그래서 고치고 고쳤는데도 오늘 가서 보니까 또 지원 수좌 얼굴이야. 알지 못할 일이야!"
    나는 그 말씀을 들으면서 속으로 욕심을 부려봤다.

'왜 고치려고 하실까? 그냥 두면 더 좋을 텐데…….'

그 이후 한동안 세월이 지나고 난 뒤 스님이 한가할 때 잊지 못할 얘기 한 구절을 들려주었다.

"내가 절에 가서 제일 처음으로 한 기도가 지장보살 기도야. 아마도 1951년 가을쯤일까, 내가 절에 온 지 일 년쯤 되는 해였어. 금정산 자락에 단풍이 붉게 내릴 때였어. 사실 그 이전까지는 내 성질이 못돼서 부처님께 진심으로 절을 하지 않았어. 왜 절을 해야 하는지 절하는 것에 대해서 전혀 수긍이 되지 않아서 대중이 절을 하면 그냥 따라서 같이 할 뿐이었어.

그때 내 생각으로는 논리적으로 합당하지도 않고, 이해가 되지 않아서였지. 그런데 1년이 지나고 부터 부처님께 진심으로 절을 하게 되었지. 그로 말미암아 처음으로 기도를 했는데 바로 지장기도였어. 말세 중생을 구제하는 지장보살의 큰 서원이 좋았어. 그래서 나는 지장보살님의 신도가 되어 수행을 출발했다고 할 수 있겠지."

"스님, 저도 스님을 따라 지장보살 기도를 하겠습니다. 신도들의 소원을 이루어 주는 기도와 나라의 안녕과 발전, 세계 평화와 불국토 성취에 대한 저의 기도는 지장기도로 정하겠습니다."

"그래! 송암도 지장보살님과 인연이 깊어. 대웅전 지장보살님 조성 때 자꾸만 송암 얼굴이 나타나잖아? 큰 서원을 가져야 큰 자비와 큰 지혜와 큰 용맹이 나오는 법이야. 수행자에게 서원이 없으면 밥값도 못하지. 송암의 일생 기도를 지장보살로 삼겠다니 참 잘됐군."

그러면서 불광사 대웅전 지장보살 조성에 대한 말씀을 또 하는 것이었다.

너, 사람도 아니구나

나는 대학 공부를 늦은 나이에 시작했다.

어려서는 그까짓 세속 공부를 해서 무엇하랴 하는 오만함으로 미루었다. 그런데 군에 갔다 오고 나이가 들수록 학교공부에 대한 필요성을 조금씩 느끼게 되어 내 나이 서른이 되어서야 대학 1학년 입학이 가능하게 되었다.

처음 1학년 때는 기숙사 생활을 했고, 2학년이 되어서는 스님이 잠실에 불광사를 지어서 기숙사를 떠나게 되었다.

불광사에서 학교를 다니며 일요일에는 중학생 법회를 만들어 설법도 하고, 방학이면 횃불정진대회라는 이름으로 명산 대찰을 찾아 수련대회를 갖기도 했다.

내 나이 한창 젊고 패기에 넘쳐 있었던 때라 하고 싶은 일도 많았고, 또 무슨 일이든지 하리라 마음먹으면 열심히 몸바쳐 일을 했다.

일이 잘 되다 보니까 나도 모르게 교만이 쌓이고 세상에 무섭고 두려운 것이 없게 되었다. 그때 내가 조금만 사려 깊었다면 훌륭한 인물이 될 수 있었을 텐데 겉멋만 들고 들뜬 마음만 치성하여 세상이 모두 내 눈 아래, 내 발 아래로만 보였으니 얼마나 꼴불견이었으며 가관이었겠는가.

그때 그런 마음의 상태에서 일어난 일이 있다.

재학 시절, 스님을 뵙고 무슨 얘기 끝에 이런 말이 불쑥 내 입에서 튀어나왔다.

"스님, 제가 기숙사를 떠나면 기숙사가 손해입니다. 제가 없으면 아마 되는 일이 없을 겁니다."

대학 1학년이면 보통 19세나 20세의 연령이다. 나는 서른이었으니 정상적인 학생들보다 열 살이나 나이가 많았고, 군에 갔다 온 이력까지 갖고 있었다. 그래서 학교에서나 기숙사에서 생기는 일들 중에 내가 맡는 일들이 많았다. 나는 나도 모르는 사이 나 아니면 아무 일도 안 된다는 고약한 자만심을 품게 되었다. 밥을 주고, 따뜻한 잠자리를 주고, 도반들이 나를 지켜 준다는 감사한 생각을 갖지 못하고 제 잘난 함정에 빠져서 허우적거리고 있었던 것이다. 그러한 나의 잘못되고 비뚤어진 생각을 스님에게 불쑥 쏟아냈던 것이다.

그 순간 스님이 준엄한 모습으로 나를 보았다. 그 정도면 나는 내가 얼마나 큰 잘못을 저질렀는지 경험적으로 잘 알았다. 뭐라고 호통칠까 무서워 얼른 절을 하고 도망치다시피 물러 나왔다.

조금 지난 뒤 당시 소임자가 와서 스님에게 무엇을 잘못했느냐고 물었다. 그러면서 지금 스님께서 크게 진노해 계시니 다시 가서 참회하라고 권했다. 사실 나는 별다른 생각 없이 쉽게 한 말이었는데 사태가 심상치 않게 돌아가고 있었다.

나는 더욱 몸이 움츠러들면서 긴장이 되었다. 가사장삼을 단정히 차려 입고 스님 방에 들어가서 절을 올리고 빌며 참회했다.

"이 고약한 녀석, 사람이 은혜를 모르면 사람도 아니다. 너는 사람이기를 포기했지? 기숙사는 여러 도반이 있고, 많은 사람들의 배려와 기대가 있고, 무거운 종단의 은혜가 있는데도 너는 그 은혜를 저버린 언행을 했다. 나는 은혜를 모르는 놈을 내 상좌로 받아들일 수 없으니 당장 여기를 떠나서 다시는 내 앞에 나타나지 말아라. 부처님 은혜마저 저버릴 배신자를 키울 필요가 없다. 어서 가라!"

등에 식은땀이 났다. 이마를 땅에 대고 납작 엎드려서 빌고 또 빌었다.

"스님, 잘못했습니다. 다시는 그러한 잘못된 생각을 갖지 않겠습니다."

스님의 진노는 그 후 3일이 지난 뒤에야 겨우 풀렸다. 아니, 나의 못된 버릇을 호되게 고치려고 엄한 자비의 모습을 3일 동안 베풀어 준 것이었다.

그때 3일 만에 진노를 해제한 법문은 이러했다.

"수행자는 어느 곳에 살더라도 고마워하고 감사해야 한다. 수행자의 죽음은 육신의 소멸이 아니라 정신의 교만이다. 교만심을 가지면 모든 공부는 끝이 나고 부처님 은혜를 갚는 일은 십만 리나 멀어지게 된다. 부디 겸손하고 하심하여 수행해라."

다시 자상한 눈빛으로 부족덩어리 상좌를 건너보아 주었다. 그제야 두려움이 사라지고 한없이 감사한 생각이 꿈틀거렸다.

너도 글 좀 써 봐

스님 육신의 병은 꽤 여러 가지가 있었다. 어느 때는 목이 막혀서 말을 거의 할 수 없었고, 머리가 아파 아무 생각도 할 수 없다는 하소연도 자주 했다. 그러한 스님의 고통도 나의 고통이 아니었기에 때로는 건성으로 듣기도 했고, 잊어버리기도 했으며, 늘 듣게 되는 까닭에 심각하게 생각하지 않았던 적도 많았다. 이제 다시 지난날 지은 이 모두의 허물을 생각하면 마음이 괴롭기 이루 말할 수 없다.

이제 스님이 육신을 거두고 난 뒤의 만시통탄이라고나 할까. 그러나 스님에 대한 애절함이 어찌 이것뿐이랴.

나는 타고난 재능이 별로 없는 사람임을 스스로 느끼고 있다. 그 중에서도 글 쓰는 재주는 더더욱 없다. 스님 곁에 있을 때 사중이나 법회는 늘상 일이 있기 마련이고, 대부분이 그때그때 일을 처리하지 않으면 안 되는 것들이었다. 그 중에서도 글 쓰는 일이 자주 있어서 나는 그때마다 난감했다. 그러나 어쩔 수 없이 병고에 있는 스님에게 달려가서 글 쓰는 짐을 맡겨 버리는 것이 내가 갖고 있는 못난 능력이었고 못된 버릇이었다.

어느 날 하루는 역시 글 쓸 것을 가지고 스님 방에 들어갔더니 결국은 안타까운 꾸중을 내렸다.

"이봐! 송암, 이제 절에 온 지도 오래 되었고, 공부도 대학원까지 마쳤으니 이런 글들은 직접 써 보는 것이 어때? 오히려 젊은 감각이 있고 힘이 있으니 나보다 나은 글을 쓸 수 있을 테니 한번 써 봐. 처음부터 좋은 글이 나오지 않더라도 자꾸만 써 보면 나중에는 잘 쓸 수 있어."

스님 면전에서 "안 됩니다. 못 씁니다"라고 감히 말씀드릴 수가 없어 나는 "예" 하고 꾸벅 대답을 했다.

그러나 막상 주제를 잡아서 마음을 가다듬고 책상에 앉으니 글이 잡히지를 않았다. 감성은 앞서 가는데 써 놓고 보면 논리가 없고, 순서가 맞질 않았다. 아무리 여러 번을 써 봐도 도저히 사람들 앞에 내놓을 자신이 서지 않았다.

자기가 쓴 글을 읽어보면 때로는 근사해 보이기도 할 텐데, 나는 내가 쓴 글을 아무리 읽어 봐도 그런 착각마저 생기지 않았다. 할 수 없이 포기를 하고 한 가지 꾀를 내었다.

'내가 정말 글을 엉터리로 쓰면 너무나 한심해서 다시는 이런 일을 시키지 않을 테니 짐짓 우스꽝스럽게 글을 써서 스님에게 갖다 드리자.'

나는 즉시 말도 안 되는 소리를 이리저리 아무렇게나 엮어서 스님에게 갖다 드렸다. 나는 스님이 글 같지 않은 내 글을 다 읽을 때까지 무릎 꿇고 고개를 숙이고 앉아서 스님 숨소리만 들었다.

스님은 어리석은 내 꾀를 알고 속아주는지, 아니면 너무나 엉터리라고 생각되어서인지 나를 가만히 건너다보았다.

"앞으로 글 쓰는 연습을 자꾸만 해 봐. 세상의 모든 일이 한꺼번에 되는 것이 아니듯이 글 쓰는 일도 그냥 수월하게 되는 것이 아니야, 이제 내가 더 기력이 없어지고 머리가 아파지면 안 되니까 미리 준비해 둬. 그때까지는 내가 써야지 별 수 있나!"

그래서 나는 그 골치 아픈 글 문제를 스님에게 떠넘기고 홀가분하게 복도를 걸어나왔다.

세상에 못난 일도 많지만 그 중에 가장 못난 것이 약자를 돕지 않고 외면하는 일이다. 병든 스님의 나약함을 돕지 못한 나의 이 못남을 어떻게 해야 할까. 머리 아프다고 아기처럼 나를 바라보며 호소하던 스님의 눈빛을 어떻게 감당해야 할까.

아, 부처님께 참회를 하면서 법당 마루에 머리를 짓찧어도 이제는 소용없는 일이 되고 말았다.

송암은 감격시대야

 가끔 스님에게 초청장이 날아왔다. 문화 예술계, 특히 불교에 관련이 있는 개인이나 단체에서 초청장이 많이 왔다. 그러면 스님은 상좌들을 대신 보냈다. 스님은 일도 많았지만 늘 건강이 불편한 터라 거동이 여의치 않았던 까닭이다.
 하루는 외출할 일이 있어서 스님 방에 인사차 갔더니 초청장 하나를 주면서 대신 좀 갔다오라고 했다.
 나의 취향은 나다니기를 좋아하고 예술공연을 즐기던 터라 명랑하게 대답하고 초청장을 두 손으로 받았다.
 언젠가 스님으로부터 언뜻 들은 얘기지만 스님도 젊은 시절에는 총무원 일을 맡아서 하는 바쁜 일과 속에서도 소문난 그림, 글씨 등의 전시회가 있으면 틈틈이 가서 보았다고 했다. 미루어 보건대 스님은 그림이나 글씨에 대해서 상당한 안목을 가진 분이었다.
 내가 평소에 수집한 작품을 스님께 보여 드렸을 때 짤막하게 평

〔寸評〕하는 말씀은 언제나 핵심을 찌르곤 했다. 이런 쪽으로 스님이 탐닉하지 않아서 그렇지 스님 자신은 예술 전반에 대한 어떤 기준을 갖고 있을 정도로 수준급이었다.

흔히 공연이 저녁 시간이어서 공연이 끝나고 절에 돌아오면 취침 시간이 넘어 있었다. 그날도 늦게 돌아온 까닭에 다음날 대중이 모여 아침 공양을 하는 시간에야 스님께 간략히 다녀온 내용을 말씀드렸다. 스님이 좀 자세히 하문하기에 나도 모르게 전날 저녁 공연 광경을 신이 나서 상황 설명을 했다. 스님이 귀를 세우고 들어 주니 나는 어지간히도 신이 나서 떠들어댔던 모양이다. 그리고 거기에 덧붙여서 내 감동을 함께 토로했다. 스님은 조용히 웃음을 머금은 채 다 듣고서는 조크를 던졌다.

"송암은 감격시대야."

그 말씀 덕분에 나는 황소, 곰, 항우 등의 놀림감 별명에서 품위 있는 별명이 하나 추가되어 '감격시대'로 불리게 되었다.

그것밖에 안 되나

나는 불광사 소임을 보다가 일본에서 공부하고 돌아온 후임을 위한답시고 경기도 광주군 오포면에 있는 극락사로 자리를 옮겼다. 그동안 내가 줄곧 불광사에 있었으니까 아무래도 새로 일을 맡은 사람에게 내 존재가 거추장스러울 것 같아서 자진해서 자리를 옮긴 것이다. 마침 극락사는 서울에서 멀지도 않고 너무 가깝지도 않은 적당한 거리에 있었고 더군다나 주지 자리가 비어 있었다.

이른 봄날, 절 마당에 눈에 익은 승용차가 들어섰다. 깜짝 놀라 다시 보니 스님이 차에 앉아 있었다. 정말 너무나 뜻밖이어서 허둥지둥 달려나갔다.

"스님 오셨습니까? 아무런 연락도 없이 어떻게 오셨습니까? 오르시지요."

스님은 허둥거리는 나를 잠깐 바라보고는 예의 그 맑은 눈빛으로 도량과 주변을 둘러보았다. 그리고는 성큼성큼 계단을 올라 대웅전을 참배하고, 불단에 모신 지장보살상에 대해 세밀하게 살펴보고 몇 가지 물어 보았다.

그곳 지장보살상은 돌로 조성된 매우 드문 비상(悲像)이었다. 자세히 보면 볼수록 일체 중생의 고통을 한꺼번에 품어 안고 시름하는 절절한 모습을 느끼게 하는 상이었다.

스님이 방에 좌정한 뒤 절을 올렸다.

"스님, 와 주셔서 정말 감사합니다. 산길이 꽤나 가파른데 이곳까지 오셨군요."

나는 솔직히 기뻤다. 그 동안 불광사 신도들이 연속적으로 기도를 왔었지만 스님이 친히 오실 줄이야 생각 밖이었다. 아마도 '상좌가 어떻게 살고 있나' 하는 염려 때문에 찾아온 듯했다. 나는 흐뭇한 마음으로 봄볕보다 더 따뜻한 스님의 사랑을 흠뻑 느끼면서 스님 앞에 꿇어앉았다.

그런데 웬걸, 스님은 정색을 하더니 비수 같은 한 말씀을 던졌다.

"지원! 그것밖에 안 돼? 나는 지원이가 생각이 널찍한 수행자로 믿고 있었는데, 여기 오면서 실망했어. 정말, 그것밖에 안 되나?"

순간 어리둥절했다. 스님은 평소에 아무리 나이 어린 상좌라고 해도 단점이나 잘못을 송곳처럼 찔러서 지적하지 않고 스스로 잘못을 깨닫도록 방편을 베풀었다. 그런데, 이날은 바로 대놓고 꾸중을 하는데 더욱 황망할 수밖에 없었다. 나는 평소에도 둔감한 편이라 그때까지도 스님이 무슨 뜻으로 하는 말씀인지 알아듣질 못했다.

그러자 스님이 더 언성을 높였다.

"절 들어오는 입구 안내 간판에 써 놓은 글 말이야! 사람들을 절에 오지 말라고 썼잖아, 그래도 몰라?"

절 밑 동네에 공장이 많아서 일요일이나 쉬는 날은 젊은이들이 한꺼번에 몰려와서 시끌벅적하기도 하고 소란스러울 때도 있었다. 그때 나는 한창 기도중 이어서 소란을 피해 보자는 심정으로 참배객이 아닌 관광객은 절 출입을 삼가해 달라고 주지 이름으로 안내 표지판을 설치했었다. 절 앞을 지나가면서 부처님을 욕하고 스님들 욕을 하고 가더라도 무관심하게 지나간 사람보다 욕한 사람과 더 인연이 깊다는데, 잠시나마 인연의 소중함을 외면한 채 좁은 생각에 빠졌었다.

스님의 준엄한 꾸지람이 계속 되었다.

"부처님 인연은 자꾸만 권장해야 돼. 자기들끼리만 모여 앉아서 조용히 편안하게 살면 부처님 참 뜻에 어긋나는 거야! 부처님은 아무 것도 구별하지 않고 오직 일체 중생을 위해서 사신 분이야. 놀러오면 어떻고, 또 소리 좀 지르면 어때? 오히려 그것이 인연이 되어 불자가 되는 것 아니야! 어서 오라고 쓰지는 못할 망정!"

변명 같지만, 많은 사찰에 그런 간판이 서 있다. 그것을 익히 보았기에 아무 생각 없이 저지른 일이 내 평생에 큰 교훈이 되었다.

3

큰스님이 꾀병을 앓으시나?

스님의 일상

스님은 몸이 늘 허약한 편이었다. 사십대 중반에 개복수술을 했고, 오십대 초반에도 개복수술을 했다. 그러다 보니 갑작스럽게 건강이 악화되어 몸져 눕는 일도 있었다. 그런데도 스님은 일단 부처님 앞에 서기만 하면 언제 그랬느냐는 듯이 꼿꼿해지고, 얼굴에 화색이 넘쳤다. 자리에서 잘 일어나지도 못하는 스님을 부축해서 법당까지 모신 사람으로서는 깜짝 놀랄 일이었다. 우리들은 가끔 그런 스님을 두고 농담을 주고 받았다.
"스님은 꾀병을 앓으시나 보다."

회갑 날

　스님은 세속적인 격식을 멀리 했다. 그러다 보니 스님의 생신을 기려 별난 음식을 장만하거나 일부러 사람들이 모이는 것을 달가워하지 않았다.
　그런데 스님의 회갑 때(1987.3.3, 음)였다.
　매년 다가오는 생신 때는 간소하게 그냥 넘어가곤 했지만 그때만은 그럴 수 없었다. 회갑만은 일생에 한 번뿐인데 생각하니 시봉하는 입장에서는 무심히 지나기가 힘들었다. 당신이야 생신 날짜도, 회갑도 챙기지 않으니 마음에 걸리는 게 없겠지만 상좌들로서는 도저히 그냥 지나갈 용기가 생기지 않았다. 그러니까 사실대로 말하면 스님을 기쁘게 해 드리기 위해서가 아니라 제자와 신도들이 제 마음의 짐을 벗기 위해서 기어코 뭔가 해야만 했고, 그래서 스님 몰래 작당했다.
　그러자니 평소 스님의 뜻에도 어긋나지 않고 많은 법우들의 가슴에도 섭섭하지 않을 묘안을 찾아야 했다. 아이디어가 백출하는 가운데 가까운 분들과 의논을 모은 결과 두 가지 일을 하기로 뜻을 모았다. 첫째는 그 당시만 해도 드물었던 일인데, 비디오로 지금까지 스님의 수행기를 간추려 보는 것과, 둘째는 그 동안 월간「불광」에 매월 발표해온 권두언을 모아 책으로 묶는 일이었다.

첫 번째 일은 맏사형인 지정 스님(당시 부산 마하사 주지)이 총책임을 맡고, 실무는 스님 상좌로 있다가 환속한 지안(노승대) 거사와 몇몇 신도들이 은밀히 담당했다.

두 번째 일은 신흥인쇄를 운영하고 있던 스님의 평생 신도인 하산거사(荷山居士) 박충일 불자가 맡기로 했다.

두 가지 다 계획했던 만큼의 성과가 있어서 차질 없이 회갑 날에 맞출 수 있게 되었다. 그러나 일반 신도들은 물론 특히 스님에게는 전혀 내색하지 않고 은밀히 진행시켰다. 그러나 막상 스님의 회갑 날이 되자 불광사 그 넓은 보광당이 비좁을 정도로 많은 신도가 모였다. 어디서 비밀이 새나갔는지 우리 실무자들도 놀랄 지경이었다. 결국 끝까지 몰랐던 분은 스님밖에 없었다.

드디어 회갑 날, 영문을 모르는 스님은 오늘따라 웬 신도가 이렇게 많이 모였느냐고 의아한 표정으로 나에게 물었다.

"무슨 날이기에 신도들이 이렇게 많이들 오셨지?"

스님을 그때까지 속인 게 죄스러웠지만 이미 저지른 일이니 사실대로 보고하지 않을 수 없었다. 그러자 스님은 쓸데없는 짓이라고 나무랐지만 다행히 크게 화를 내지는 않았다. 어차피 신도들이 대거 몰린 마당이니 스님도 어쩔 수 없었던 것 같았다.

우리는 보광당 가득히 모인 대중들과 함께 스님이 작사한 찬불가부터 널리 애창되고 있는 찬불가를 힘차게 불러 드렸다.
"건강하시어 오래오래 이 땅에 머무시면서 정법을 드날리고 한국 불교의 새 물줄기를 이루소서!"
이렇게 간절한 기원을 담은 노래였다.
스님은 대중이 불러 드린 노래에 답례하기 위해 법상 앞으로 걸어 나갔다. 스님의 뒷모습은 비록 학처럼 고고했지만, 실은 몸이 불편하여 어린아이처럼 아장아장 힘겹게 걸었다. 법상까지 가자면 얼마 되지도 않는 거리건만, 스님은 천릿길을 가듯이 힘겹게 걸어서 겨우 앉았다. 중생의 질병과 고통을 대신 앓느라 그랬는지, 스님은 유난히 병을 많이 앓고, 그래서 수술도 여러 차례 했다. 그런 몸으로 정진을 계속하니 무쇠가 아닌 이상 몸이 배겨날 리 없었다.
흔들리는 몸을 겨우 가눈 스님은 막상 법문을 시작하면서부터는 기운차게 목소리도 내고, 곧잘 웃었다. 그런 목소리를 내려면 얼마나 힘이 드는지 잘 아는 나로서는 스님의 말씀은 한마디도 듣지 못하고, 남몰래 눈물만 흘렸다. 듣는 입장에서야 기분 좋게 목소리가 들려 왔지만 스님은 사실 있는 힘을 다해 소리를 지르고 있는 중이었다.
스님은 어쩌려고 몸을 돌보지 않고 수행하다가 저토록 깊은 병을 얻어 마치 어린아이처럼 걸음을 아장아장 걸으실까 생각하니 눈물이 줄줄 흘러내렸다. 그러고도 아픈 체 안하고 목소리를 우렁차게 내고, 일부러 웃음을 지어 보이는 걸 보니 차마 끝까지 바라볼 수 없었다. 결국 나는 스님 법문이 끝나기도 전에 보광당 뒤쪽으로 가서 혼자 앉아 울었다. 차마 눈물조차 부끄러웠다.

바라밀 할아버지

스님 신도 중에서 30대 후반의 젊은 부부가 있었다. 그들 부부는 신심이 깊고, 스님에게 극진한 공경심을 지니고 있었다. 그래서 불광 수행에 앞장서는 부부였다. 언젠가 들은 얘기지만 그들은 결혼하기 전 처녀 총각 때부터 불교에 귀의했고, 스님의 가르침을 따랐다고 한다.

그들 부부가 스님을 친견하러 가끔 불광사에 오면 4~5세 되는 아들을 데리고 왔다. 그러면 이 아이는 아빠 엄마를 따라 스님에게 절을 하고는 쪼르르 스님 곁에 가 앉았다.

"바라밀 할아버지, 안녕! 그 동안 뭐하고 지냈어?"

그러고는 두 사람은 이내 친구처럼 정답게 군다. 아이는 스님의 귀도 만지고 옷자락도 잡아당긴다. 그러면 스님은 또 간지럽다며 고개를 이러저리 돌리고, 옷자락을 가지런히 펴느라 바쁘다. 영락없이 손자와 노는 할아버지 모습이었다.

몸은 병고와 노쇠로 힘들어했지만 스님의 얼굴 모습은 언제나 천진불의 동안을 지니고 있었다. 예의에 어긋난 표현이지만 스님의 모습을 뵐 때는 가끔 '참 고우신 분' 하고 느꼈다.

그날도 내가 종무 보고를 하기 위해 스님 방에 들어가 있을 때 그들 가족을 맞이했다. 그래서 차례를 기다리느라고 한쪽 켠에서 지켜보고 있었다. 천진불과 천진불의 만남, 그 광경이 지금도 눈에 선하다. 더 이상의 표현이 못 따라갈 그 장면은 평화이고 기쁨이었다.

고우신 얼굴에 환한 미소를 담고 화답하는 스님, 말끄러미 쳐다보며 기탄 없이 할 말 다 하는 동자, 그 광경을 하나도 빠뜨리지 않고 몽땅 차지한 나머지 세 사람.

"바라밀 할아버지, 할아버지는 왜 만날 바라밀, 바라밀만 해?"

"그래 맞다. 나는 바라밀 할아버지야. 평생 바라밀만 해 왔으니 바라밀 할아버지일 수밖에 없지."

아이의 눈은 본 대로, 아이의 귀는 들은 대로이다. 이것이야말로 가장 정직한 것이 아닐까. 천진불의 참 면목이 아닐까. 그런 천진불이 인가(?)하고 호칭한 바라밀 할아버지.

그 아이는 그 뒤로도 엄마, 아빠 따라 절에 와서 스님을 뵐 때마다 바라밀 할아버지라고 불렀고, 스님은 마음에 따악 맞는 도반이 온 것처럼 좋아했다. 어른들 웃음처럼 껄껄거리지도 않고, 애들처럼 호호거리고 헤헤거리면서 말이다.

두 천진불이 만나면 주위에는 아무도 없는 듯이 또는 전혀 의식하지 못하고 둘만이 주고받는 법문답으로 시간을 보냈다.

그때 사진이라도 찍어 놓을 걸, 때늦은 후회가 든다.

속이면 속고

 스님은 참 다정다감한 성품을 지녔다. 남의 어려운 사정을 알게 되면 결코 소홀히 하거나 외면한 적이 없다. 누구나 스님을 몇 번만 만나면 이런 성품을 금방 알 수가 있다.
 때로는 스님의 약한(?) 마음을 이용하는 사람들도 더러 있었다. 우리가 봐도 상대의 얘기가 진실치 못함을 단번에 알아차릴 수 있었는데, 스님은 이점에 있어서는 매우 둔감해 보였다.
 젊은 시절에 총명하고 머리 밝기로 타의 추종을 불허할 만큼 두뇌가 비상했다는 얘기를 들었던 분이 어떻게 저리 잘도 속아 넘어갈까. 정말 이해가 되지 않을 때도 있었다.
 상대가 열 번을 속이고 백 번을 속여도 오직 진실만이 거짓을 고칠 수 있고 이길 수 있다는 것을 스님은 묵묵히 실천했던 것 같다. 스님은 언제나 상대의 얘기를 조금도 의심하지 않고 받아들였다. 말에 대한 증거를 갖다 대고 말의 앞뒤 꼬투리를 잡아서 사람을 닦달하여 실토를 하게 만드는 억압법이 바른 일이고 중생제도라고 믿지 않았다.

스님에게도 돈이 생길 때가 있다. 신도들이 올리는 공양이다. 실지로 스님 본인을 위해서는 거의 돈이 들지 않았다. 물론 오랜 투병 생활로 지출이 다소간 있었지만, 어느 정도는 스님이 당신의 병을 스스로 조절했다. 수행력과 의지로 고통을 극복하고 병과 맞부딪쳐 나갔다. 그런 까닭에 아픈 것만큼 돈이 많이 들지 않았다.

스님의 개인적인 돈은 시자가 모아 두었다가 옛 도반이나 노스님들, 어려운 사람들, 특히 공부하는 고학생 등 남을 위해서 지출했다. 언제 어떻게 도와주었는지 곁에 있는 소임자들조차 모를 때가 많았다.

설령 당신을 속이려는 사람이 있다 하더라도 상대를 거짓으로 보지 않고 내면의 불성으로 시종일관 대하는 스님의 투철한 신앙, 그것은 스님의 타고난 자비심이었다.

강원도에 있는 한 젊은 스님은 틈틈이 와서 스님에게 각별한 신세를 졌다. 어린 시절 세속 공부를 하기 위해 시내에서 학원 다닐 때부터 성장하여 어느 절에 주지를 할 때까지 꾸준히 내왕을 했다.

스님에게 도움을 요청하는 내용도 가지가지였다. 어떤 경우는 승복 대신 속복을 입고 오기도 했고, 첫 새벽이나 늦은 밤에 오는 때도 있었다. 그러한 내막을 눈치 챈 우리들은 그 젊은 스님이 오면 심하게 닦달하기도 했지만, 스님과의 사이를 막을 수가 없었다. 비유하자면 마치 연애하는 사람들이 주변의 눈을 피해 만나듯이 어느 사이에 감쪽같이 만나고 가기가 일쑤였다. 우리는 스님에게 여러 가지 상황을 말씀드리면서 젊은 사람에게 나쁜 버릇이 된다고 하면, 스님은 도리어 우리들을 가만히 바라보면서 웃기만 했다. 스님의 그 미소는 마치 나무를 보면서 숲을 보지 못하는 것처럼 인간의 전성적(全性的)인 이해가 부족한 상좌들에 대한 안타까움이었던 것이다.

스님의 천진한 자비를 막으려고 온갖 방법을 다 동원했던 우리들, 아니 나는 그야말로 홍곡(鴻鵠)과 연작(燕雀)의 차이였다. 스님 가신 뒤에서야 천진고불(天眞古佛)의 무연자비(無緣慈悲)의 보살심으로 다시 느껴진다.

사람을 소홀히 하지 마라

　순박하면서도 고집이 세고 외곬 기질을 가진 처사가 한때 스님 곁에 있었다. 전기(電氣)를 잘 다루고 여러 가지 재능도 있는 김 처사였다. 김 처사는 사내(寺內)의 다른 사람의 말은 듣지 않아도 스님의 말씀에 대해서는 물불을 가리지 않고 앞장섰다.
　스님은 우리가 생각하기에 약간의 무리가 있어 보이는 김 처사의 얘기도 묵묵히 다 들었고, 진지하게 응답했다. 어떻게 보면 너무나 뻔한 얘기인데도 스님이 전혀 소홀한 기색이 없이 응대해 주니까 처사 입장에서는 신명이 날 만한 일이었다. 사중의 다른 사람들은 다 무시하는데도 스님만이 자신의 아이디어나 주장을 소중하게 대해 주었으니 그야말로 살 맛 나는 일이었음에 틀림없었다. 그러다 보니 자연스럽게 김 처사는 사내에서 미움을 받게 되었고, 그럴수록 스님에게 의지하는 마음은 더욱 커가기만 했다.
　물론 이러한 일의 경과를 스님은 다 알고 있었다. 나중에 그 사실을 스님에게 조용히 여쭈어 보았다.

"왜 스님께서는 특별히 김 처사 편이 되셨습니까?"

"이봐, 우리 출가자는 물질에 손해가 나고 어려움이 있어도 그런 것은 감수하고라도 사람을 소홀히 해서는 안 돼. 순수하게 대했을 때만이 사람을 바로 세우게 되는 것이야."

"그래도 김 처사를 두고 말이 많습니다."

"지금 당장 자기 잘못을 깨닫지 못해도 언젠가는 반드시 알게 되고 깨닫게 돼. 진실과 순수와 인내만이 올바른 인간의 교화 방법이야. 속시원하게 그 자리에서 흑백을 딱 가리고 손가락질을 해 가며 잘잘못을 추궁해 간다 해서 사람이 바로 서는 것만은 아니야. 오히려 더욱 어긋날 수가 있는 법이지. 다른 사람이 다 미워해도 나 한 사람만이라도 그 사람 편이 되어야지, 그렇지 않으면 누가 그 사람을 깨닫게 할 텐가 말이다."

스님에게 이런 일은 하나 둘이 아니었다.

오직 부처님을 따라서

　불광사는 법회가 무척 많은 절이다. 거의 일주일에 두세 번 정도 법회가 열렸다. 그 많은 법회를 거의 스님 혼자 담당했다.
　평소에 신도 만나고 사중 운영의 지침과 방침을 전하고 나면 남는 시간은 거의 없었다. 스님 개인 시간은 전무했다고 해도 지나친 말이 아니었다.
　스님은 그런 꽉 짜인 일상 속에서도 조금만 틈이 나면 경을 보았다. 경을 보며 메모하고, 다 읽고 나면 또 다른 경을 보기 시작하는 것이다. 어쩌다가 글씨가 빼곡하게 적힌 스님 노트를 들여다보면 어느 곳 한 군데도 허술하게 쓴 부분이 없었다. 그것을 본 나는 나중에 저 노트를 내가 물려받았으면 하는 엉뚱한 생각을 갖기도 했다. 그것은 바로 법회 준비를 위한 노트였다.
　스님의 설법을 들어보면 그렇게 알찰 수가 없었다. 스님은 철저하게 경문에 의지하였고, 설법은 교학 체계를 가지고 이끌어갔다. 개인적인 얘기라 해도 부처님 가르침에 근거하지 않고는 인용하지 않았다. 스님에 비해 비교도 안 되는 나 정도만 돼도 자기 소리 하다가 거의 정해진 설법 시간을 넘기기 일쑤인데도 스님은 결코 그런 무례(無禮)한 방법을 쓰지 않았다.

"신도들이 세상에서 다들 바쁘게 사는 시간을 쪼개서 법당까지 나왔는데 법사가 소홀하면 안 된다. 큰 죄를 짓는 것이다."

스님은 늘 그런 생각을 굳게 가지고 설법 준비에 만전을 기했다. 그래서 경전에 더욱 근거했고 부처님 말씀을 벗어나서는 우스개 한마디도 보태지 않았다. 재미있는 얘기는 이곳 법당이 아니어도 얼마든지 있다는 생각이었다. 법당에서는 그 목적에 충실해야 한다는 생각을 가지고 항상 법상에 올랐다.

스님은 잠시도 경을 손에서 놓지 않았다. 수많은 법회를 주관하면서도 설법 내용이 반복되지 않고 힘이 넘쳤던 것은 스님의 특출한 안목과 깊은 신심, 불전에 근거한 설법 태도 때문이었다.

스님이 경을 손에서 놓지 않았던 점은 설법할 때 임기응변이 없어서나 개인의 교양이나 화제가 부족해서가 아니었다. 오직 부처님이나 조사들의 가르침에 근거한다는 바른 설법 방식 때문이었다.

부처님 말씀 속에서 상담하고 설법하고 의식을 주관했던 스님은 철저하게 부처님을 따라 배운 분이었다.

스님, 노래 한 곡 부르세요

 스님은 목소리가 무척 좋았다. 스님의 성품이 목소리에 그대로 담겨있는 듯했다. 감성이 풍부하고 명랑하고 영롱하여 목소리에 티끌 하나 없었다.
 불광법회를 시작해서 한창 커갈 때 임원회의를 남양주 보현사에서 한 적이 있었다. 오전에는 법당에서 기도하고 점심공양이 끝난 뒤 4월의 포근한 흙 냄새를 맡으며 야외에서 토론에 들어갔다.
 토론이 끝나갈 무렵이었다.
 "스님께서도 노래 할 줄 아세요? 법우들을 위해서 노래 한 곡 하시지요."
 누군가 그렇게 말하자 다른 임원들 역시 기다렸다는 듯이 박수를 쳐서 골짜기를 흔들어 놓았다. 그 박수소리의 위세 때문인지 은근히 노래솜씨를 자랑하고 싶어서인지 스님은 독일민요 한 곡을 불렀다. 지금 곡명은 잊어버렸는데 어찌나 잘 부르는지 깜짝 놀랐다. 스님의 노래가 끝났는데도 대중은 조용하기만 했다. 다들 놀라서 한참이나 멍해 있다가 겨우 박수를 치기 시작했다.

스님은 평소 노래를 좋아해서 법회순서를 세울 때도 노래를 많이 부르게 했다. 처음 불광법회 할 때 사람들이 이 음악적인 분위기 때문에 낯설게 생각하거나 어색해하는 경우도 있었다. 스님은 특히 밝은 노래 운동을 주창하고 몸소 찬불가 가사도 많이 썼다.

얼마나 스님이 노래에 대한 비중을 크게 두었는가 하는 것은 여러 가지 활동을 통해서 그대로 나타났다.

불광법회를 개설하고 파라미타 합창단을 창단하여 세종문화회관 소강당에서 발표회를 가진 것만 해도 그렇다. 그때만 해도 절에서 노래를 한다는 것은 흔한 일이 아니었다.

그 후 잠실로 옮겨서는 본격적인 음악 법문 준비에 착수하여 마하보디 합창단을 또 결성하였다. 그 결과 법회 때마다 부처님 법문이 멜로디를 타고 불광 대도량 보광당을 울려댔다. 스님의 음악 법문의 결정판은 역시 「보현행원송」이었다.

불교 신앙과 사상을 응집하고 앞으로 오는 세기의 불교 방향을 직시하여 하나의 거대한 불사로 이뤄낸 것이 1992년 4월2일 세종문화회관 대강당에서 가진 2회의 「보현행원송」 발표였다.

"「보현행원송」을 책으로 만들어 전국 각 사찰로 보내라. 법당마다 「보현행원송」이 울리고, 삼천리 방방곡곡에서 울려 퍼지고, 세계 도처에서 울리도록 해다오"

잊을 수 없는 부탁의 말씀이고 잊어서도 안 되는 일이다.

그때 철없던 나는 대답이랍시고 이렇게 말씀드렸다.

"스님, 이 다음 백수 천수가 지나고 입적하시면 스님의 49재는 「보현행원송」으로 하겠습니다."

그 당시 분위기에서 앞뒤 분간 없이 튀어나온 말이다. 스님의 49재라면 먼먼 훗날의 이야기일 줄 알았는데, 오늘 일일 줄 어찌 알았으랴! 결국 나는 스님의 49재에서는 약속을 지켜 드리지 못했다. 스님이 나만의 스님이 아니기 때문이다. 그러나 이 약속은 머지 않아 장엄하게 실현될 것이다.

하회 할머니

경북 안동 하회 마을에 가면 한 촌락 전부가 민속촌이다. 모두가 잘 알고 있는 조선시대 선조 임금 때 명상이었던 서애 유성룡 선생의 고가(古家)를 비롯해 유씨 일족이 대부분인 집성촌이다.

거기 서애 선생의 종부 할머니가 있는데 신심 깊은 불자다. 살아온 일생을 구술하여 책으로 발간해서 요즘 편히 사는 현대인들에게 옷깃을 여미게도 했던 체통 높은 집안의 할머니다.

할머니는 집안 내력으로 유교의 분위기 속에서 살지만 마음속 깊은 곳에는 늘 부처님이 계셨다. 시골에서 생활하면서도 월간 「불광」을 매달 구독하여 읽고, 달마다 서울 친지 댁을 방문할 때면 으레 잠실 불광사를 참배했다.

"내사 마, 스님 보고싶어서 쫓아 왔십니더. 스님이 잘 계시는지, 건강이 어떤지, 이것저것 궁금해서 견딜 수가 없어요. 이렇게 내 눈으로 보고 친견하고 내려가야 마음이 편해요."

이런 얘기를 불광사 문을 들어서면서 하곤 했다. 한 달 간격으로 만나면 별 얘기거리도 없을 텐데, 스님 방에 들어가면 이야기가 쉬임 없이 이어졌다. 할머니가 살아온 얘기나 요즘 사는 얘기들을 스님에게 털어놓으면 속이 시원하고 거기서 새로운 힘을 얻는 것 같았다.

방에 들어갈 때하고 나올 때의 할머니 표정이 사뭇 달랐다. 들어갈 때도 웃는 모습이긴 하지만 나올 때는 웃으면서도 더 맑아졌고 활력이 느껴지는 표정을 감추지 않았다.

나는 스님의 자상함을 스님의 수행력에 의한 자비라고 믿고 있다. 누구에게나 아낌없이 드러내는 다함 없는 우정, 무한한 자비, 그 자비를 베푸는 날은 오히려 더 건강하고 활기찼다. 힘들 것 같은 염려는 주변 사람들의 기우일 뿐이고 실지로는 생동감을 느낄 만큼 자비의 기운을 스님 몸에 스스로 담게 된다.

나는 스님은 과거생부터 많이 다듬고 수행했던 분이라고 믿는다. 이 땅 한국을 정토로 만들기 위해 서원으로 다녀간 것 같다. 만약 서원이 없었다면 온갖 우여곡절과 뼈아픈 고행을 이기지 못했을 것이다. 범어사 일, 종단 일, 학교 일, 포교 일······.

스님이 서원으로 오지 않았다면 그 수많은 고생을 묵묵히 감내하고, 한 걸음 더 나아가 어려움이 클수록 더욱 속 깊고 꿋꿋함으로 의연했던 스님의 모습은 없었을 것이다.

금생에도 서원이 컸지만, 과거생에도 서원이 한량없이 컸던 것을 나는 이제 스님의 지나온 삶을 통해 다시 본다.

아침이면 병든 몸 일으켜 신도들 맞이하고, 저녁이면 다시 앓아 눕고

대개 절에 다니는 신도들의 연령은 50대 이상이 상당수를 차지한다. 인생의 주기를 통해서 보면 어느 정도 시간적인 여유가 있을 때가 50대이기 때문인 듯하다. 그러다 보니 신앙 상담도 역시 그 연령층에서 많다.

스님이 잠실에 법당을 지어 포교의 기치를 거듭 세우자 역시 많은 신도들이 잠실로 찾아들었다.

신도가 많고 보면 상담도 역시 많을 수밖에 없다. 병든 스승을 모시는 입장에서 보면 가능한 한 상담을 줄여야 하는데, 상담 희망자는 모두가 법주(法主 : 광덕 스님의 불광사 소임) 스님만 찾으니 매우 안타까운 일이었다.

누구나 불광사 2층 법주 스님 방을 노크하면 무사통과였으니 사무실에서 어떻게 조정해 볼 수도 없는 입장이었다.

보통 한번 스님 방에 상담차 들어가면 서너 시간은 기본이었다.

50대 신도가 일생을 살면서 자라온 환경에서부터 인생사 전반을 풀어놓으면 길고 긴 항해 같아서 언제 끝날지 모르는 일이었다. 어떤 단순한 안건 하나만 질문하고 대답하는 단답형이 아니었다. 물론 인생 문제가 단답형일 수는 없으나 너무 장황하다 보면 핵심을 비켜나가기 일쑤다. 어느 때는 점심 먹고 시작한 얘기가 저녁 먹을 때까지 계속되는 경우도 있었다.

그럴 때는 스님이 몸도 불편한데 무리하면 어쩌나 하는 걱정이 앞섰다. 그렇지만 스님은 남의 얘기를 대충 들을 분도 아니고, 얘기를 중간에 따악 잘라서 요점이 무어냐고 묻는 분도 아니었다. 그 많은 얘기를 불편한 몸을 쪼그리고 앉아서 경청하는 모습이 때로는 안쓰러웠다. 사전에 내가 가로막지 못한 것이 후회스러울 때가 한두 번이 아니었다. 욕을 들어도 내가 들었다면 상담 끝나고 스님이 끙끙 앓지는 않았을 텐데 하는 후회를 했지만, 또 그때뿐이었다. 스님은 낮에는 하루 종일 신도들의 얘기를 들으면서 상담하고, 밤이 되면 끙끙 앓아 눕기를 매일 반복했다.

그 이후로는 상담 때마다 스님 방을 자주 드나들며 눈치를 줘봤다. 그러나 어쩐 일인지 얘기를 하는 분이나 듣는 분 누구 하나 그런 나에게 관심조차 두지 않았다. 얘기를 하는 신도 입장에서야 자기 얘기에 도취되어 그렇다지만 스님까지도 그 이야기에 푹 젖어 있곤 했다. 상대가 무슨 말을 하든 전심(專心)으로 들으니 잡념이 끼어 들 틈이 없는 것이다. 그런 만큼 제 아무리 약은 상좌가 갖은 눈치를 줘봤자 비집고 들어갈 틈새가 없었다. 결국 나는 그런 방법을 포기했다.

'나는 저런 인욕행이 없어. 흉내도 낼 수 없어. 대단한 자비심이야.'

그러고선 혀를 내두를 뿐이었다.

몸을 동그랗게 오그리고 앉아서 자비의 눈길로 시종일관 신도를 주시하는 스님, 상담하는 스님과 신도의 모습에서 동체대비(同體大悲)가 무슨 말인지를 나는 배웠다.

구두쇠 중의 구두쇠

　금덩어리의 가치를 아는 사람에게 금은 보물이 되듯이 시간의 소중함을 아는 사람에게 역시 시간은 지고의 보물이다.
　그러나 열렬히 자기 삶을 살아보지 않은 사람이라면 '오늘이 있으니까 내일도 있겠지. 일쯤이야 무수한 내일 속에서 하면 되겠지'라고 하는 막연한 생각으로 계획 없는 삶을 살아갈 것이다.
　스님은 시간에 관해서라면 지독할 정도로 철저했다. 시간을 아끼고 절약한 것만 보자면 구두쇠 중의 구두쇠였다.
　일초의 시간이라도 더 벌려고 자신을 엄격히 절제하고 행동 반경을 규제했다.
　오랫동안 스님 가까이 있다 보니, 자주 스님 방을 출입하게 됐고 또한 상좌로서, 소임자로서 사중의 대소사의 결정을 얻기 위해서도 자주 뵙게 되었다. 그때마다 스님은 항상 정진하고 있었다. 매주 열리는 법회 준비를 위한 경전 연구, 독서를 통한 메모를 쉼없이 계속했다.

설법자로서 폭넓은 교양을 쌓기 위해 읽는 다방면의 숱한 서적들, 스님의 책상 앞에는 그때그때 출간되는 신간들이 수북하게 쌓여 있었다. 스님은 책을 쌓아 놓기만 하거나 또는 진열해 놓기 위해 책을 사는 예는 없었다. 언제 읽어도 다 읽고 필요한 부분은 스님 자신의 노트에 빼곡하게 메모를 해서 설법 때 필요한 부분을 꺼내서 보조 자료로 활용했다.

스님 만년에는 거의 누워서 하루 하루를 지냈다. 몹시 힘들고 고통스러워하면서도 언제나 깨어 있었고 또한 마음속 공부를 지어갔다.

병고 중에서도 건강할 때 수행했던 시간과 똑같이 일어났고, 취침 시간도 역시 같았다. 다만 몸만 누워 있을 뿐이었지 정신은 언제나 깨어 있었다. 스님의 젊은 시절 앉아서 정진에 정진을 거듭하여 한 올의 티끌도 없는 맑은 그 마음 상태를 병고 중에도 유지한 것을 보면 스님은 늘 깨어 있었다는 것과 잠시도 쉬지 않고 시간을 아껴 무한 정진을 이루었음을 알 수 있었던 것이다.

이렇게 병중에서도 시간을 아꼈고, 잠시도 시간을 허송하지 않았다. 스님의 건강이 양호했을 때는 시간 아끼기를 목숨 아끼는 것보다 더 우선 했음을 충분히 알 수 있다.

이런 부분을 한마디로 표현하면 뭐라고 말할 수 있을까? 삶의 성실성이라고 말하면 가능할까?

그렇다면 스님은 선지식이나 큰스님이라는 칭호 이전에 한 인간으로서 무척 성실한 삶을 사신 분이다. 평범한 일상 속에서 평범하지 않은 도리를 제자들에게 큰 유산으로 남겨 주었다.

스님이 꾀병을 앓으시나?

　스님은 몸이 늘 허약한 편이었다. 사십대 중반에 개복수술을 했고 오십대 초반에도 개복수술을 했다. 그러다 보니 갑작스럽게 건강이 악화되어 몸져눕는 일도 있었다. 그럴 때면 스님은 꽤나 힘들어하였으니 시봉하는 입장에서는 겁이 더럭 날 때가 많았다.
　그런데도 스님은 일단 부처님 앞에 서기만 하면 언제 그랬느냐는 듯이 꼿꼿해지고, 얼굴에 화색이 넘쳤다. 자리에서 잘 일어나지도 못하는 스님을 부축해서 법당까지 모신 사람으로서는 깜짝 놀랄 일이었다. 아무리 보아도 아픈 몸이 아니었다. 젊고 건강한 시자들보다도 훨씬 목소리에 힘이 느껴졌고 절도 잘 했다. 갈매리 보현사에서는 무려 1시간씩 절을 하고 예불을 올렸다. 설법시간이 되면 천진 동안의 미소를 온 얼굴에 함박 머금고 목소리가 더 낭랑해졌다. 얼굴의 미소와 목소리와 몸 동작이 한꺼번에 법열의 세계에서 환희를 연출했다.
　우리들은 가끔 스님의 그러한 모습을 두고 농담을 주고 받았다.

"스님은 꾀병을 앓으시나 보다."

그래서 미욱한 우리는 스님을 자주자주 법당으로 모시자고 했다. 그래야 힘들어하지 않고, 아프지 않을 것 같았다. 그렇지만 부처님 앞에서나 신도들 앞에서나 스님은 언제나 제 몸을 태워 어둠을 밝히는 촛불처럼, 그렇게 몸을 사르고 있었다는 것을 우리는 미처 깨닫지 못하고 있을 뿐이었다.

스님의 고독

 스님이 「불광」지를 창간한 것은 1974년 11월이었다. 물론 준비는 그 전부터 했지만 창간호는 그때 나왔다.
 그로부터 만 1년이 되었을 때 불광법회를 창립했다. 서울 종로 봉익동에 있는 대각사에서 매주 목요일 저녁 시간에 법회를 개설했다.
 법회를 열자 기다렸다는 듯이 불자들이 모여들어 눈부신 발전을 이루었다. 스님의 법력과 열성, 원력이 크기도 했지만 사실은 온갖 곡절을 겪기도 했다. 아마도 스님 스스로 겪은 일은 헤아릴 수도 없이 많았으리라. 그러기에 사람이 한 생을 살면서 한 업을 이룬다는 것은 매우 의미 깊은 일이다.
 대개가 이일 저일 집적거리다가 중도에 그치는 경우가 많고, 아니면 기존에 있던 일에 안주하고 만다. 그것이 편하고 수월하기 때문이다.
 자기 길을 시종일관 간다거나, 새로운 일을 개척해 삶을 열어간다는 것은 보통의 노력으로는 안 된다. 숱한 인고의 과정을 묵묵히 견뎌낸 사람만이 가능한 일이다.

스님의 전 인생을 한꺼번에 쏟아 부어서 키워온 법회, 종단 일에 일체 관여치 않고 오직 불광 포교만을 위해 온갖 역할을 마다하지 않고 정진에 정진을 다해서 만든 법회, 정말 한 사람이 일생동안 한 업을 이룬다는 것이 어찌 흔한 일이며 쉬운 일이겠는가. 좌우를 돌아보거나 뒤를 돌아볼 겨를도 없이 앞으로만 내달려서 키워온 터전 불광사·불광법회, 현대 한국불교사의 포교 일번지 전법 대본산이라 해도 과언이 아닐 정도의 역할은 차치하고라도, 스님 개인으로 보았을 때 불광이 갖는 의미는 남달랐으리라. 아무리 상좌라 해도, 또는 오래된 포교 동지라 해도 역시 당사자인 스님 본인의 뜻만이야 할까. 평생 건강치 못한 몸을 법력으로 이기고 이룬 위업이기에 더욱 의미가 깊다.

과연 어떻게 꾸준히 성장하여 용성 조사로부터 이어져 오는 새불교 운동을 꽃피우고 결실할 것인지의 고뇌는 실로 스님의 깊은 마음으로부터 발로되었을 것이다.

서로 주지를 맡지 않겠다는 사람들의 행위는 어떻게 보셨을까. 자기 주장만 내세워 스님을 이기려고 한 무도(無道)를 얼마나 가슴아프게 생각했을까

가끔 스님 방문을 열고 들어가면 스님 혼자서 의자에 앉은 채 깊은 생각에 잠겨 있는 적이 많았다. 스님 이마에 오후의 햇살이 비껴갈 때는 무척 고독하게 보였다. 한 집단의 최고 어른이기 때문에 아무 얘기나 하고 싶은 대로 말할 수 없는 입장, 당신의 의지대로 따르

지 않는 일부의 사람들, 스님의 고독은 그래서 숭고한 것이다. 대비이기 때문이다.

    법회를 키우는 것은 대비를 키우는 것이고, 부처님을 늘려가며 무수한 보살을 잉태하여 출생시키는 일이다.

    스님 방 창가에 홀로 앉아 종종 고독에 잠겨 있던 스님, 이제 또 무슨 중생구제의 대비 고뇌에 잠겨 계실까? 그립다.

새에게 깃털을 달라고 해봐

상 좌 교 육

스님을 가까이서 모시던 한 상좌가 세속의 부득이한 인연으로 환속하여 장가를 가게 되었다. 장가가는 상좌하고 나하고는 절에 있을 때부터 사형사제간이었고, 내가 늦게 공부한다고 용기를 내었을 때 힘이 되어 주었기 때문에 결혼식장에 가서 축복해 주고 싶었다.
나는 스님에게 조용히 그 사실을 여쭈었다.
"스님, 오늘 아무개 상좌가 장가가는 날인데요. 가서 축복해 줄까 합니다."
그러자 스님은 무서운 눈으로 나를 노려보았다.

미련한 상좌

어느 날 아침, 스님이 나를 불렀다.
"오늘 수유리 금강사 석옹 사형님께서 입적하셨다. 내가 스님들 다비 의식을 주관하는 건 이번이 마지막일지 모르니 나랑 함께 가서 잘 보아 놓아라."

그런데 그 무렵은 일에 치여서 매사 바쁘기만 했다. 그러다 보니 약속 없는 날이 없었다. 하필 그날도 출판부 일로 며칠 전부터 약속이 잡혀 있었다.

"스님, 오늘은 일이 많아서 모시기 어렵겠습니다."

그렇게 말씀드리고 나서 나는 스님의 표정을 살폈다. 그때 나는 평소에 느낄 수 없었던 스님의 모습을 읽었다.

평소에는 상좌나 아랫사람들의 사정을 알면 조금도 망설이지 않고 당신의 말씀을 거두었다. 그런데 그날은 못내 아쉬워하면서 어딘가 간절한 눈빛으로 나를 한참이나 바라보았다. 나는 내 생각에 골몰하느라고 스님의 깊은 뜻을 한 번 더 생각하려는 노력을 하지 않고 스님의 눈빛을 얼른 외면했다. 스님이 한 번만 더 가자고 말하면 어쩔 수 없이 따라가야만 했기 때문이다.

미안한 마음에 나는 스님의 장삼을 바쳐드리고 차에 오르는 곳까지 배웅해 드렸다. 그날 스님은 못내 섭섭해하며 그냥 수유리로 떠났다.

지금 생각하면 선약쯤이야 며칠 뒤로 미루더라도 모시고 갔어야 했는데, 다 철없고 부족한 탓이었다. 뭐가 중요한지 뭐가 급한지 앞뒤를 잘 가리지 못할 때였으니 말이다.

부처님이 열반에 드실 때 이런 말씀을 하셨다고 한다.

"내 장례는 전륜성왕의 격식으로 치러라."

그만큼 임종이며 장례 절차가 중요하다는 뜻이다.

장례에도 격식과 절차가 엄중하고 특히 스님들의 다비 수습은 고래로부터 전통이 있는데, 미련한 상좌 때문에 스님의 밝은 의식을 단절하게 되었으니 불조(佛祖)에 지은 죄가 실로 크다.

평소에 스님이 의식을 집전하는 걸 보면 간결하면서도 핵심을 거양했다. 모든 의식이 똑같았다. 그 자세한 사정은 스님이 직접 번역하여 편찬한 『불광법회요전』을 보면 잘 알 수 있다.

번역의 뛰어난 묘미나 시적인 운율은 의식을 집전하는 사람이나 듣는 사람 모두에게 법의 기쁨을 느끼게 했다. 특히 발원문은 스님의 모든 의식 중에서도 백미가 아닐까 생각한다. 스님은 이와 같은 높고 깊은 안목을 가지고 현대 포교를 이끌었다. 그러니 가히 모든 면에서 불교의 새 모습을 갖추고, 한국불교의 새 물줄기를 자임했을 만하다.

염 주

해인사 주지와 화엄사 주지를 역임했던 도광 스님이 서울 대각사에 오면 스님은 사뭇 각별히 대했다. 깍듯이 사형님 대접을 했고, 도광 스님은 스님을 아우님이라고 부르면서 정중한 우애를 나누었다. 그때만 해도 나는 어렸을 적이었는데, 그런 장면이 보기에 무척 좋았다. 그 후에 도광 스님이 입적하고는 그런 광경을 다시 볼 수 없었다.

도광 스님의 뒤를 이어 고족(高足)이었던 종원 스님이 화엄사 주지를 맡고 있을 때 불광사를 참배했다. 역시 선대의 각별함을 생각해서인지 스님에 대한 예의 범절이 특별했다. 종원 스님은 유명한 천은사 보리수 열매로 만든 1,000주 염주를 고이 싸서 스님에게 드렸다.

염주 알 하나 하나가 기계로 찍어낸 듯이 고르고, 염주 실은 어찌나 탱탱한지 염주 사이의 간극이 전혀 없었다. 일견으로도 보통 정성으로 만든 염주가 아닌 듯했다. 스님은 아이들처럼 좋아하면서 그 염주를 받아 거두었다.

그런 뒤 어느 날 보고드릴 게 있어서 스님 방으로 들어갔다.

"송암 거기 앉아봐!"

그러면서 종원 스님이 그때 드리고 간 염주 선물을 내 앞에 밀어놓았다.

"이제 나는 늙고 병들어서 염불할 힘도 없어. 이 염주는 송암이 가지고 가서 공부해. 열심히 공부해서 나를 능가하는 사람이 되어야 해. 그때 우리 불광의 발전이 있는 것이야!"

나는 아무 말도 못하고 스님의 눈빛만 가만히 바라보았다. 지금도 그 염주를 내 머리맡에 두고 오며가며 본다.

스님은 쪼그리고 앉으면 무릎이 양어깨에 나란히 닿는다. 등은 굽고 목은 길며 얼굴은 곱고 눈빛은 밝았다. 그때 내게 준 염주를 보니 꼭 스님을 닮은 것만 같다.

바구니 속에 든 계란

　스님은 성품이 자비로웠다. 언제나 사람들을 정중히 대하고 온유함으로 맞이했다. 타고난 스님의 천성이랄 수도 있겠지만 내가 생각하기에는 수행력이 큰 때문이라고도 생각된다. 부처님 말씀, 진리에 대한 믿음의 힘이 뛰어난 분이라고 늘 생각했다. 그런 믿음의 힘이 결국은 인격을 변화시키고 부처님의 행을 이룰 수 있게 하는 것이라 본다.
　상좌들을 대할 때도 은근하고 정중했다. 아무리 나이 어린 상좌라 하더라도 인격을 손상시켜가며 훈도하려고 하지 않았다. 너무 예의 바른 처신 때문에 대하는 사람들로 하여금 거리감을 느끼게 한다는 말까지 듣기도 했다.
　특히 신도들에 대해서는 설령 아무리 오래된 사이여도 또는 자주 만나는 사이여도 격식이 반듯했고 소홀함이 없었다.
　일반적으로 출가한 스님들 자신이 생각하면 무심코 던진 말 한마디지만 받아들이는 신도 입장에서는 마음에 크나큰 힘을 얻을 수도 있고, 반대로 상처를 받을 수도 있기 때문이었다.

항상 그런 점을 잊지 않고 신도를 상대해야 하고 조심해서 말해야 한다. 절에 올 때마다 기쁨을 느끼게 하고, 말할 때마다 힘을 얻게 했을 때 신도는 하루하루 충실한 부처님의 제자가 되어 간다.

그런 까닭에 스님은 상좌들에게 이렇게 말했다. 아마 당신이 평생 수행하면서 느꼈던 부분일 것이다.

"신도를 대할 때는 바구니 속에 든 계란을 다루듯이 조심조심 대해야 한다. 행동도 거칠게 해서는 안 되고 말도 조심해서 해야 된다."

바구니 속에 든 계란은 자칫하면 깨진다. 그 중에서 하나만 깨져도 바구니가 다 더러워지고 만다.

여간 주의를 하지 않고서는 고스란히 보존하기가 어렵다. 온전해야만 계란이 제 역할을 하듯이 신도의 마음이 다치지 않아야 도심이 자랄 수 있을 것이다.

반야가 뭐지?

젊은 시절, 꼿꼿하고 카랑카랑하기로 소문났던 스님도 여러 차례의 큰 수술과 세월 앞에서는 조금씩 변해 갔다. 힘들 때마다 눕지 않고는 견디기가 어려웠고, 공양이 끝난 뒤에도 휴식이 꼭 필요했다.

가까이 있는 사람들이야 어느 때나 스님 방에 가서 여쭙기도 하고 말씀을 듣기도 하지만, 신도들의 방문은 곤란할 때가 있었다. 그래서 스님이 누워 쉴 때는 부득이 찾아온 신도에게 양해를 구할 수밖에 없는 것이다. 사람이 찾아오면 반드시 일어나 앉고, 갈 때는 일어서서 배웅하는 평소 스님의 생활 습관을 알기 때문이다.

나는 어느 날 점심공양이 끝난 오후 2시쯤 스님 방으로 갔다.

누워 있는 스님 곁에 조용히 앉자 스님은 나를 가만히 불렀다. 눈은 그대로 천장을 응시한 채,

"송암! 반야(般若)가 뭐지?"

너무나 갑자기 전광석화처럼 물어오는 말씀이었다.

"스님, 반야 아닌 것은 무엇입니까?"

스님 말씀이 채 끝나기도 전에 나는 대들다시피 되묻고 말았다.

이번에는 그대로 누운 채 고개만 나에게로 돌리고 그 밝은 눈빛으로 내 몸을 한꺼번에 훤히 비추면서 다시 물었다.

"반야가 무엇이지?"

이번에는 공손하게 대답했다.

"제법실상(諸法實相)입니다."

나는 느닷없는 스님의 질문에 불 보고 놀란 짐승처럼 온몸을 떠는 긴장 속에서 곧바로 도전하듯 되받고, 또 공손히 답하기도 했다. 한동안 스님의 형형한 눈빛은 나를 떠나지 않았다.

"교학적이군 그래. 어쩌면 고도한 틈도 없는 완벽한 틀이야!"

그러고서 스님은 머리로 생각하거나 읽어서 반야를 말하지 말라는 공부인의 길을 계속해서 설명해 주었다.

스님의 말씀을 듣고 있는 동안은 무장애였다. 막힘 없이 선연하여 크게 고개를 끄덕일 수도 있었고, 얼굴에는 저절로 미소가 떠오르기도 했다.

이제 생각해 보면 그때 스님 회하에서 지낼 때 더 열심히 공부해야 하는데, 돌아보면 그만 기회를 놓치고 선지식을 놓친 것이 되고 말았다. 애석하고 애통할 뿐이다.

부처님께 맡겨라

 "부처님께 맡겨라. 부처님께서 모든 것을 원만하게 이루어 주실 것이다."

 스님이 처음 이 말씀을 할 때 나는 순간 당황했다.

 좀 이상하다는 느낌이 들었기 때문이었다. 어쩌면 유일신을 믿는 타종교인들의 표현 같았다. 물론 나의 고정관념 탓이었다.

 내가 스님 곁에 있을 때도 스님은 건강 악화로 생활이 몹시 불편했다. 그래서 스님에게 가급적 질문을 생략하고 나 혼자 궁리해 가면서 이해하고 납득하려고 노력했다. 이것저것 질문을 하다보면 스님에게 부담이 된다고 생각했기 때문에 덕본 것도 있고 손해본 것도 있다. 작게나마 내가 스스로 스님의 생각을 알려고 궁리했던 탓에 나름대로 스님을 깊이 이해하게 되기도 했지만, 확실하게 알아두지 않았던 까닭에 스님 육성으로 듣는 확인은 영원히 미제가 되고 만 것도 있기 때문이다.

어느 늦은 봄날이었다.

양광이 서창에 비치는 오후, 절하고 자리에 앉으니 몸을 동그랗게 오그려서 두 무릎이 어깨 위로 올라오도록 쪼그려 앉은 자세로 스님은 그윽이 나를 건너다보았다.

"수행자는 겸손해야 돼! 부처님께나 사람들에게나 한없이 하심하고 겸손하지 않으면 수행은 더 이상 진전이 없어. 특히 불사를 지어가는 사람은 제가 유능하고 잘났기 때문에 절이 잘 된다거나 불교가 발전한다고 생각하면 그 다음은 그대로 파멸일 뿐이야! 자기 힘으로 되는 것이 아니라 진리의 힘으로, 부처님의 위신력으로 된다고 굳게 믿고 겸허히 행동하며 감사했을 때 비로소 불사의 원만성취가 있고 중생 성숙, 불국토 성취의 대작불사가 현전하는 것이야."

순간 나는 스님의 맑은 눈빛에서 지혜를 느꼈고 자비를 보았다. 잘못된 내 고정 관념은 즉시 깨졌고, 내가 아직 멀었구나 하는 좁은 한계를 다시 확인했다.

그 이후로는 더더욱 스님의 말씀 한마디 한마디에 귀를 기울이고 마음을 다했다. 물론 그렇게 했어도 아직 보잘것없지만 말이다. 법은 역시 그릇대로 담겨지는 물과 같은 것일까. 내 작은 그릇에 스님의 법을 담는다 해도 얼마나 담겨질 것인가. 그것은 전적으로 그릇 크기의 차이일 뿐이지 법의 멀고 가까움이 아니고 법의 크고 작고가 아니다.

스님 곁에 서성이면서 이러한 느낌을 받는 경우는 수도 없이 많았다. 그때마다 스님의 따뜻한 손길을 느꼈고, 또 추운 겨울 얼음물을 뒤집어쓰는 몸서리치는 전율과 오한을 느끼기도 했다.

절은 돈 버는 데가 아니야

　스님은 무슨 일이든지 확대 해석하는 것을 싫어했다. 세상에 이리저리 연결시켜 보면 해당되지 않은 것 없고, 옳지 않은 것이 없을지도 모른다. 그런 까닭에 자칫 자신도 느끼지 못하는 사이에 생각이 어긋나기도 하고 삐뚤어져 있기도 할 것이다. 스님은 그러한 것을 방지하려고 항상 원칙을 고수하고 과장되거나 확대되는 것을 극히 조심했고 경계했다.
　불광의 문서 포교 일을 맡고 있을 때다. 아무래도 불광사 주변에 출판부 직영 서점을 하나 열어야 할 것 같았다. 그래서 스님의 허락을 받기 위해 여쭈었다.
　"스님, 불광사 곁에 서점을 개설하면 좋겠습니다."
　스님은 대답을 않고 한참동안 나를 바라보기만 했다. 그렇지 않아도 출판부와 월간 「불광」을 내가 맡고부터 이일 저일 자꾸 벌여서 조마조마한 느낌이 들었는데, 이 사람이 또 무슨 일을 꾸미려고 그러나 하는 심정으로 바라보는 것 같았다.

"이것 봐. 돈 버는 일은 세간 사람이 하도록 둬야 해. 우리가 그런 일에까지 손을 대면 정작 해야 될 일을 못하게 돼. 절은 말이야, 부처님 사상 운동하는 일이 가장 큰 당면 과제야. 여기에서 벗어나지 말아."

나는 또 전가의 보도〔傳家寶刀〕처럼 나의 억센 고집을 내세우기 시작했다. 물론 내 나름대로의 뜻이 있었기 때문이다.

"우리 법우들이 불교 책 한 권 구하려고 시내까지 가는 것은 무척 어렵고, 어려우면 마침내 못하게 됩니다. 그리고 잠실 지역만 가지고는 불교 전문 서점을 내도 현상 유지가 어려워 세간 사람이 하기는 더욱 어렵습니다. 차라리 우리 절에서 법우들의 편리를 위하고 포교를 위해서 서점을 열면 손해가 나도 괜찮지 않겠습니까?"

스님께 3일 동안 졸라서 마침내 허락을 얻었다. 서점 개설자도 출판 책임자인 내 이름으로 양보했고 명칭도 '불광서적'이라고 지어 주었다.

나는 그때 출가한 스님들이나 절에서는 무엇을 해야 하는가를 명백하게 이해하고 정리하게 되었다. 즉 인간에게 자유(해탈)를 누리게 하고 세계평화(불국토)를 이룩하는 일, 그 외에 무슨 일이 또 있겠는가. 빠른 속도로 변화하는 현대사회 속에서 절이 어떤 역할을 해야 할까. 혼란스러울 때도 많고 달콤한 유혹이 있을 때도 많다. 그럴 때일수록 본래의 사명과 원칙에 충실해야 한다는 것, 그 자체로서 절은 이미 밝은 빛이다.

스님이 주신 호(號)

나는 변화를 무척 좋아한다. 혹시 차를 타고 어느 절에 일을 보러 갔어도 들어간 길이 다르고 나오는 길이 다를 정도다. 같은 일을 반복하는 것에 대해 못 견뎌 하는 생리가 남다르다고나 할까.

원래 스님이 내게 지어준 법명은 지원(至元)이었는데, 여러 개의 다른 호를 내가 직접 지어서 도반들끼리 서신을 주고받을 때 골고루 꺼내 쓰기도 했다.

1988년쯤이라고 기억된다.

그때에는 나라의 운세가 융성하였던 시기다. 경제 사정도 좋았고, 올림픽도 치르는 해였고, 사회 분위기 전체가 잔치 기운이 가득했던 시절이다.

잠실 불광사는 그 옛날 송파나루가 있었던 곳에 자리를 잡고 있다. 그때쯤인가 행정 명칭도 옛 나루[松坡]란 이름을 살려 강동구에서 송파구로 바뀌었다.

나는 유년시절 솔밭을 끼고 있던 시골집에서 자랐다. 추운 겨울 밤, 할머니와 함께 사랑채에 누워 있으면 집 옆 솔밭에서 들리는 솔바람소리가 마치 바다의 거대한 파도소리처럼 들려왔다. 곤히 자다가도 그 솔바람소리에 잠이 깨곤 했다.

절에 와서 살면서도 가끔 어릴 때 솔바람소리에 잠이 깼던 기억이 향수처럼 느껴지기도 하고, 오히려 삼계미몽(三界迷夢)마저 그 솔바람소리에 깰 수 있었으면 하는 바람을 갖기도 했다.

내가 송파구에 살고 있고, 어린 시절 소나무에 대한 추억도 새로웠던 터라 나는 내 자작호를 송파(松坡)라고 했다. 소나무 언덕이라고 하면 꿋꿋한 억셈이 묻어 나오는 것 같아 같이 사는 스님들이나 신도들에게 송파라고 불러달라는 청을 했다. 급기야 나는 스님에게도 외람됨을 무릅쓰고 용기를 내서 불쑥 말씀드렸다.

"스님, 이젠 저를 송파(松坡)라고 불러 주십시오."

당돌한 내 청을 듣고 스님은 빙그레 웃으면서 아무런 말씀도 없었다.

그 후로도 몇 번인가 같은 얘기를 가지고 스님에게 졸랐던 기억이 난다. 그때마다 대답은 한결같이 웃기만 하는 것이었다.

그러다가 그만 잊어버리고 있었는데 꽤나 세월이 지난 뒤에 스님이 먼저 말씀을 꺼냈다.

"이봐, 내가 지원 수좌 소원을 들어 주기로 했어. 지원 수좌 이름을 새로 지어야겠다고 생각했는데, 단숨에 튀어나왔어. 내가 보기에 힘도 있으면서 상당히 문학적이야. 지원 수좌가 좋아하는 소나무라고 하는 뜻이 들어 있어. 며칠 있다가 다같이 줄 테니 기다려."

1989년 8월 16일(음력 7월 15일)은 백중일이며 스님들의 해젯날이다. 오후 3시 불광사 법주실에서 상좌 중에서 위에서부터 승랍 서열 여덟 번째까지 호를 내려주었다.

그때 하신 스님의 말씀을 내 기록 노트에서 옮겨 본다.

"호는 원래 법을 전하면서 지어주는 이름이다. 거기에 따라 전법게를 낭독하고 대중에 알리지만 내게는 그대들에게 줄 법이 없구나. 다만 이제 너희들이 출가한 지가 이미 오래 되었으니 서로 대접하여 어릴 때 부르던 이름보다 새로 지은 호를 썼으면 한다. 그러나 글자가 마음에 들지 않으면 바꾸어도 좋고, 또는 호가 마음에 맞지 않으면 쓰지 않아도 좋다.

법을 드러낼 수 없어서 보리수 한 잎을 호와 함께 각자에게 준다. 이 보리수 잎은 홍교 김일수 거사님이 인도 붓다가야에서 모셔온 것인데 그 동안 고이 간직했다가 이번에 표구를 했다.

현재 붓다가야의 보리수는 원래 부처님의 대각을 증명하신 나무에서 가지를 스리랑카로 옮겨 심었는데, 붓다가야의 원 보리수가 수령을 견디지 못하고 말라 버리자 다시 스리랑카 보리수 가지를 가져다 심어서 자란 것이다. 원 보리수의 손자가 된다고 할까. 아무튼 정통 보리수임에는 틀림없어. 보리수는 각(覺)이거든, 잘 보관했으면 좋겠다."

그리고 옛 전거도 밝혀 주었다.

"옛 스님들이 과거로부터 전해오는 방식에는 우란분일 때 법계(法階)를 받고 또는 건당(建幢)을 하며 전법게(傳法偈)를 받는다고 했다. 대중들이 큰방에 가득 모인 가운데 병풍을 각자 둘러치고 무슨 무슨 당이라고 써서 걸고 병풍 안에는 다과상을 넣고 모든 것을 갖추어서 대중공양을 하고 새 이름도 알렸다. 그 뜻을 살려 나도 오늘 우란분날을 선택했다."

아울러 호에 들어 있는 뜻을 각자에게 설명해 주었다. 흔감하여 받은 사람도 있었고 나중에 글자를 고친 사람도 있었으며 잘 쓰지 않는 사람들도 있었다. 이미 스님이 직접 거기에 대한 말씀을 한 것은 미리 그런 일을 예측하셨을까. 호를 받은 것, 이 또한 스님으로부터 받은 지중한 은혜 중의 하나이다. 어떻게 보답해야 될까. 무엇을 원할까.

그때 받은 호가 지금 내가 쓰고 있는 송암(松庵)이다. 그러니까 내 자작 호 송파에서 파(坡)가 암(庵)으로, 즉 솔밭 언덕이 솔밭 집으로 바뀐 것이다.

탐나는 설법 노트

　스님의 법문 준비는 유별나다. 법회가 있기 며칠 전부터 준비를 하는데, 먼저 설법 주제부터 정하고 난 뒤 주제에 부합하는 여러 자료를 확인하고 찾는다.
　특히 설법 주제를 경전에 근거하기 위하여 이미 과거에 읽었던 경도 다시 꺼내서 처음부터 또박또박 읽고 메모하면서 설법의 골격을 형성한다. 거기서 다시 경전 내용을 집약하여 설법 요지를 주보에 싣고 난 뒤 더 자세한 부분은 스님만이 쓰는 설법 노트에 깨알같이 작은 글씨로 일일이 기록한다.
　나는 스님의 그러한 설법 태도에서 철저한 경전 위주의 설법 방식이 무엇보다 중요하다는 걸 느끼고 배웠다. 법사가 어느 정도 설법 횟수를 거듭하게 되면 나름대로 능숙하여져 한 시간 설법쯤은 얼마든지 미끈하게 처리할 수 있게 되는 것이다. 그런데도 스님은 설법에 있어서는 그 어떤 만용도 부리지 않았고 대강대강 넘어가는 소홀한 모습도 없었다.

 알뜰하고 정성스럽게 준비한 음식상에 먹을 것이 많듯이, 스님의 설법은 경전에 근거하되 교학적인 체계를 잘 갖추어서 설명했다. 심지어는 우스개 소리 한마디라도 경전이나 조사어록 또는 불교의 수행 문헌에 근거하지 않고는 쓰지 않았다.

 대개는 시류의 얘기나 세태의 한담도 있어야 듣는 사람들도 순간순간 즐거운데 스님은 무슨 결심을 단단히 한 분처럼 설법 주제와 관계없는 이야기는 그 어떤 경우에도 거론치 않았다. 뒷동산에 밤 주우러 간 사람이 밤새 몰아친 세찬 바람 덕분에 한 자루 그득히 밤을 주워 메고 오듯이 스님의 설법을 다 듣고 나면 알맹이들만 가득히 한 짐 되는 풍성한 기분이 되었다.

 그것은 스님이 그만큼 준비를 철저하게 하고 노력한 결과이다. 설법시간에 청중을 웃겨가면서 재미나게 엮어 가는 설법은 거의가 자리에서 일어나면 가볍기 일쑤다. 어떤 무게를 느끼지 못하는 허전함이 집으로 돌아가는 발걸음에서 느껴진다. 물론 모두 그렇다는 것은 아니고 가끔 그런 경우도 있는데 스님의 설법은 알곡처럼 묵직하다는 얘기를 하고 싶어서이다.

 그래서 나는 언젠가 스님의 법문 노트를 탐낸 적이 있었다. 저 노트만 가지면 나도 스님처럼 설법을 잘할 수 있으리라고 믿었다. 애써서 찾지 않더라도 노트만 열면 온갖 것이 다 나오지 않을까. 일확천금의 횡재를 노리듯이 스님의 설법 노트가 내 손에 들어오기를 꿈꾸었다.

 스님은 일생동안 수천 번도 더 했을 설법인데도 매번 설법 준비하는 과정을 곁에서 보면, 법상에 처음 올라가는 법사처럼 그렇게 진지하고 성실할 수가 없었다. 책을 읽고 기록을 하고 다시 설법의 흐름을 형성하여 법문을 구성하는 스님의 노력은 가히 진경이라고밖에 달리 표현할 수가 없다. 문

이렇게 자료를 찾아서 하는 스님의 법문은 모두가 심지법문(心地法聞)이었다. 글자풀이나 낱말 해석이나 문장 설명만의 껍데기가 아니고, 바로 부처님이 일러주신 그 자리 참 소식을 언제나 전해 주었다.

뚜렷한 견해를 가졌으면서도 오직 경전에 입각한 스님의 설법 준비는 오늘날 나에게 뛰어난 사표가 되고 훈도가 되어 게으름과 무지에서 벗어나게 해 준다. 스님의 설법에 임하는 준비와 태도, 회통(會通)의 귀착점은 미래의 모든 법사들에게 길이 귀감이 될 것이다.

내리사랑

스님께서는 가부장적인 한국인이었다. 상좌나 소임자가 외출할 때는 반드시 소상히 여쭙고, 귀사해서는 하루 일을 듣기를 기다렸다. 특별히 스님이 거기에 대해 말씀하거나 요구한 적은 없지만 상좌들이 자발적으로 하루 일과를 말씀드리면 무척 좋아했다.

내가 소임 살 때 혹시 외출했다가 돌아오기로 예정한 시간보다 늦게 돌아오면 취침 시간을 넘기면서까지 스님은 기다렸다. 나는 대개 승용차를 가지고 나가기 때문에 귀사하여 뒤뜰 주차장에 주차하려고 들어서면 스님 방의 조그만 불빛이 창에 비치곤 했다. 그때마다 몸이 오그라드는 느낌을 받았다. 더욱 조심스럽게 발뒤꿈치를 들고 복도를 살살 걷지만 스님이 모를 리 없다. 한 절의 어른으로서 책임감이나 체통을 유지하는 위엄에서가 아니라, 인간에 대한 따뜻한 관심과 사랑이었다는 생각이 이제야 든다. 함께 살면서 서로 지켜야 될 인간적인 또 하나의 면모가 아닐까. 그 시간 그 자리에 있어야 될 사람이 없었을 때 원상태가 복구될 때까지 기다리거나 주의를 기울이는 것은 매우 당연하다 할 것이다. 서로간의 인간적인 깊은 신뢰에 의한 행이다.

스님은 내가 외출했다가 예정된 시간보다 좀 늦게 되었을 때 미리 전화로 사유를 말씀드리면 무척 반가워했다. 너를 기다리고 있었는데 연락해 주어서 내 마음이 편안해졌다는 뜻이 금방 전해왔다. 혹시나 깜빡 잊고 전화를 못하면 늦게까지 불을 끄지 않고 기다리는 스님이 정말 한국적인 가부장의 권위주의자이고 어른으로서의 체면치레였을까.

그때는 시어머니의 잔소리처럼 힘들기만 했었다. 내 마음대로 행동하지 못하는 불편을 먼저 생각했기 때문이다. 이제 조금 철이 들어서 다시 생각해 보면, 그것이 바로 스님의 한량없는 자비심이었고 내가 미처 다 알 수 없었던 사랑이었다. 사랑은 역시 치사랑이 아니라 내리사랑인가 보다.

새한테 깃털 좀 빼달라면 주겠어?

 스님은 상좌들을 불러서 꿇어앉혀 놓고 일러주기보다 그때그때 적절한 비유를 들어 일깨워 주었다.
 "신도들에게 무얼 요구하지 말아라. 사중을 위해서도 그렇지만 특히 자기 자신을 위해서는 더더욱 요구하는 일이 없도록 하라. 스님들은 오직 충실한 법을 설해야 한다. 그 법을 듣고 신도가 성장하고 정법의 믿음을 키워 가면 나머지 모든 것은 본인이 자발적으로 마음이 우러나서 행동한다. 그것이 순조롭고 좋은 일이다. 그렇지 않고 신도들에게 은근히 부담을 준다든지 복을 지으라고 권하거나 강제성을 띤다면 잘못되기 쉽고 결코 오래가지 못한다."
 이런 당부를 하면서 새의 깃털 이야기를 들려주었다.
 "예전에 어떤 수행자들이 스승을 모시고 공부를 하고 있었다. 조용히 앉아서 명상에 들었는데 새들이 마당에 있는 나뭇가지에 몰려와서 요란스럽게 지저귀었다. 성가시고 거슬려서 새를 쫓아 보았으나 쫓을 때뿐이었다.

그 중에 한 수행자가 스승에게 나아가서 자초지종을 말하고 방법을 물었다. 그때 스승은 '내일도 새떼가 오면 조용히 다가가서 깃털을 하나 빼달라고 하라. 연속적으로 이삼일만 요구하면 새들은 어디론가 가버릴 것이다.' 하고 가르쳐 주었다.

깃털은 철따라 빠지고 다시 나기도 하는 것이다. 언젠가는 버릴 것이지만 자기 것을 남이 달라고 요구하면 주기 싫어서 안 보고 다른 곳으로 간다는 것이다.

사람들은 누구나 자기 것은 소중히 여기는 법이다. 남들이 보기에 사소한 것이라고 하더라도 주인에게는 의미가 있고 사연이 있는 것이기에 그만큼 중요한 것이다.

마침내 새들도 모두 떠나게 된 것을 그 수행자들은 알게 되었다.

스님은 이 이야기를 꽤 여러 번 해 주었다. 언젠가는 쓸모가 없어지는 깃털이지만 그마저도 남이 달라고 하면 주지 않는다는 것이다.

상좌 장가가는 날

　스님을 가까이서 모시고 여러 가지 일을 도왔던 상좌가 세속의 부득이한 인연으로 퇴속하여 장가를 갔다. 그날이 마침 매년 가을에 한 번씩 열리는 불광 바라밀 운동회가 열리는 날이었다.
　그날 나는 스님을 따라 법우들과 함께 운동회에 갔다. 장가가는 상좌는 절에 있을 때 사형사제간이었고, 내가 늦게 공부하려고 용기를 내었을 때 힘이 되어 주기도 했던 관계였기 때문에 결혼식장에 가서 축복해 주고 싶었다. 이제 겉모양은 비록 달리해도 처음 출가할 때는 장한 마음을 가지고 산문으로 왔지 않았던가. 나는 달라진 겉모양을 보지 말고 출가 정신으로 산문을 들어설 때의 마음을 생각해서 우정을 변치 말고 도반으로서, 한 울타리 안의 가족으로서 관계를 지속시키려고 마음속으로 생각했다.
　나는 결혼식 시간과 식장까지 가는 시간을 계산해 보고 운동회 중간에 기회를 보아 스님에게 조용히 그 사실을 여쭈었다.

"스님, 오늘 아무개 상좌가 장가가는 날인데요. 가서 축복해 줬으면 합니다."

내 말을 듣는 순간, 스님은 나를 엄한 눈으로 바라보았다. 나이 어린 네가 거기 가서 보고 혹시나 마음이 흔들리면 어쩌려고 그러나 하는 염려의 마음이 앞섰던 것 같다. 상좌가 환속하는 것을 무척 싫어하고 안타까워하는 스님의 표현이리라.

스님은 부처님의 길을 따르는 것에 남다른 자부심이 있었고 사명감이 있었다. 인간으로 태어나서 최고의 길을 가고 있다고 믿는 것 같았다. 부처님께서도 속세의 아들이었던 라훌라를 출가시켜서 스님이 되게 하였고, 최근 한국불교의 뛰어난 고승들도 속세의 인연들을 바로 출가시켰던 것을 보면, 진리의 길을 가는 것에 대한 기쁨과 보람이 그 어느 것보다 뛰어났음을 인정했기 때문이 아닐까 생각해 본다.

이런 이야기가 있다. 어느 저명한 박사가 평소에 다니던 절에 갔는데 그날 따라 절 내의 젊은 스님들이 품행이 단정하지 못한 행을 했나 보다. 박사는 그것을 보고 매우 못마땅하게 여겨 그 절의 노스님께 항의하고 비난했더니 묵묵히 듣고 있던 노스님이 한참만에 입을 열었다.

"박사가 지적하고 비난하는 말이 모두 맞아요. 그러나 나는 그런 못난 수행자라도 좀더 많았으면 하는 생각이야!"

요즈음 들어 출가하는 사람들이 적어서 스님 숫자를 늘리려고 하는 말이 아니었으리라. 스님이 퇴속하는 상좌나 사제들을 안타까워했던 것도 세를 불리려고 하는 것이 아니었다.

부처님 법을 통해서 기쁨을 얻고 보람을 느끼고 삶의 참다운 가치를 삼고, 그러한 수행자의 삶은 밝은 횃불로서 결국은 어두운 세상을 밝히는 것이 된다는 믿음 때문이었을 것이다. 그것이 또한 출가만의 공덕이 아닐까. 출가나 재가나 불법을 믿고 숭상하여 실천하면 된다지만, 진정한 출가는 그 자체만으로도 이미 뛰어난 것이기에 말이다. 스님의 아쉬움도 바로 여기에 있는 것일지 모른다.

5

하늘 꽃

출 가 정 신

"출가자는 때때로 머리를 만져 보아라. 왜 출가하여 먹물옷을 입고 머리 깎고 살고 있는가?
대접받기 위해서인가? 아니다. 오직 무상대도(無上大道)를 구하는 일 밖에 딴 일이 또 있는가?"
나는 그 말씀을 듣고 오랫동안 스님 앞에서 무릎꿇고 앉아 있었다.
그후로 정말 어렵고 힘든 일이 있을 때마다 나는 머리를 만져 보았다.
그러면 까칠까칠한 민머리가 만져졌다. 그때마다 나는 출가사문임을,
그래서 내가 갈 길이 무엇인가를 똑똑히 되새길 수 있었다.

노스님의 방문

불광사에 가끔 노스님들이 찾아왔다. 아무리 스님의 건강이 좋지 않은 상태라도 찾아오는 노스님들을 만나지 않은 적이 없었다.

찾아오는 노스님들은 대부분 옛날 젊은 시절에 스님과 함께 공부했거나 또는 우리 상좌들이나 소임자들이 알지 못하는, 스님과 특별한 인연이 있는 분들이었다.

방문하는 스님들의 형편은 거의가 어려운 것 같았다. 우선 기색이 그랬고, 위의가 고단해 보였다. 형편을 자세히 묻지는 않았지만 왜 노스님들이 자주 오는지 우리는 짐작하고 있었다.

스님 방에 들어가면 때로는 한나절씩 얘기꽃을 피우기도 하고, 늘 누워 있다시피 하던 스님 곁에 앉아 위로하며 덕담을 주고받고 요즈음 세월 가는 얘기나 세상 돌아가는 얘기를 나누기도 했다.

오랜 시간을 함께 있다가 노스님이 자리에서 일어설 때쯤이면 사무실로 연락이 온다. 스님 돈을 봉투에 넣어 가져오라는 것이다.

스님은 사중 돈은 함부로 쓰지 않았다. 공적인 일과 개인적인 일을 엄격하게 구분했을 뿐만 아니라, 당신의 기분에 따라 행동한 적도 내 기억에는 없다. 그러므로 신도들이 약값으로, 용돈으로 드리는 공양을 받아 두었다가 친분 있는 옛 도반들이 오면 그 돈을 내드렸던 것이다.

그러고도 스님은 봉투에 든 돈을 불쑥 내밀어 전하지 않고 서로 두 손을 꼭 잡고 날씨가 춥거나 덥거나 계절에 따르는 염려와 부탁을 곁들이고, 부디 건강해야 된다는 간절한 축원을 봉투와 함께 전했다.

그런 광경을 곁에서 보고 있으면 사람의 정이 저렇게도 각별할 수가 있을까 하는 생각이 들곤 했다.

허리 굽고 등 굽은 스님이 아기 걸음으로 다가가서 손을 꼭 잡는 모습을 나는 잊을 수가 없다. 학처럼 긴 목을 기울여, 놓은 손을 다시 합장할 때는 애절한 기운마저 감돌았다.

우리 서로 늙었으니 어쩌면 지금 보는 것이 마지막일지도 모르니, 설령 마지막이라 하더라도 다음 생에 만날 때까지 서로 안녕하자는 경건한 의식이었다. 상대가 내일 죽을 것처럼 대접하라는 말은 들었지만 그런 행동을 본 것은 스님의 일상사를 통해서 처음 보았다.

노스님들은 스님으로부터 몇 푼돈을 얻기 위해 불광사를 찾은 것이 아니라 인정이 그립고 우정이 그리워 때로는 그 먼 길을 허위단심에 달려 왔으리라.

힘들거든 머리를 만져라

내 메모지에 '1989년 9월 4일 오후 3시 흐림. 법주 스님 방'이라고 적혀 있다. 스님의 말씀을 들으면서 무심코 적어 놓은 기록이다.

"삼인대사(三忍大師 : 인곡·고암·청담 세 스님을 가리키는 말) 중에 용성 노사의 제자 인곡 사숙님 이야기다. 그분은 해인사에 머물렀는데 어느 날 우리 범어사에 오셨다. 그 당시 예절 풍습으로는 다른 절의 큰스님이 방문하면 첫 번째 예절이 종을 쳐서 대중을 불러모아 법상을 차리는 것이었다. 역시 인곡 스님에게도 청법을 하니 사양하지 않고 법상에 올라서 법을 설하셨다. 흔히 선방의 선법문이 유행하던 때였고, 또 인곡 스님도 선방 납자였으니 대중들은 으레 선법문을 기대하고 있었다.

그런데 선방의 법문은 하나도 하지 않고 『유교경』에 있는 말씀을 간곡히 설하셨다. 어찌나 간절하고 간곡한 지 수십 년 세월이 지난 지금도 내(광덕 스님) 기억에 생생하고 역력하다."

그때 인곡 스님이 범어사에 와서 한 설법이 스님의 기억을 통해 다시 되살아났다.

"수행자들은 힘들거든 머리를 만져 보아라. 무엇을 위해 출가를 했는가? 오직 무상대도(無上大道)를 구하는 일밖에 딴 일이 또 있는가? 어떠한 경우에도 참고 참는 가운데에서 본분을 잃지 말아라."

스님 자신도 인곡 스님의 법문을 감명 깊게 들었다고 또 덧붙였다.

그런데 내가 자세히 기억을 더듬어 보니 이런 말씀이 나오게 된 까닭이 있다.

당시 불광사는 재가불자들이 왕성하게 전법하고 스님의 사상을 떨쳐나갈 때였다. 그런데 재가불자들은 스님에 대해서는 극진한 존경심을 갖고 대했지만, 밑에 있는 상좌들에 대해서는 소홀한 경우가 더러 있었다. 특히 임원들, 그 중에서도 거사(居士)들이 여러 상좌 스님들에게 불경하게 대하곤 해서 보다 못한 내가 스님에게 그 일을 여쭌 적이 있었다. 그때 스님은 인곡 스님 법문을 들려주면서 이렇게 말했다.

"출가자는 때때로 머리를 만져 보아라. 왜 출가하여 먹물 옷을 입고 머리 깎고 살고 있는가? 대접받기 위해서인가?"

그 말씀을 듣고 오랫동안 스님 앞에서 무릎 꿇고 앉아 있었다.

그 후로 정말 어렵고 힘든 일이 있을 때마다 나는 머리를 만져 보았다. 그러면 까칠까칠한 민머리가 만져졌다. 그때마다 나는 출가 사문임을, 그래서 내가 갈 길이 무엇인가를 똑똑히 되새길 수 있었다.

사제와 나눈 우정

　스님의 스승은 동산 대종사이시다. 그 밑에 용상대덕들이 무수히 출현하여 범어 문중의 주축을 이루었다. 그 가운데 스님이 젊은 시절부터 함께 수행하고 불사를 이루었던 분 중에서 홍교라는 사제가 있었다.
　지금은 재가법사로 살지만 그때 당시에는 종단에 기여도가 높았고, 특히 해외 포교 활동에 앞장섰던 분이다. 절에서 함께 수행하거나 불사할 때도 서로 아끼고 존중하여 도반으로서, 또는 법형제로서 우의가 각별했다. 나중에 재가의 몸이 된 뒤에도 그 우정은 변함이 없었다.
　오랜 세월 동안 서로 변치 않는 우정을 나누고 가꾸는 것은 역시 특별한 인연이다. 그 자세한 내용은 제3자가 알 수 있는 일이 아니지만 무슨 일이든 오랫동안 한결같다는 것은 흔치 않을 뿐만 아니라 매우 값진 일이다.

몸이 아프고 불광사 일이 많아도 스님은 속가에 살고 있는 사제가 보고 싶을 때는 모든 것을 떨치고 길을 나섰다.

'인정을 끊고 야멸치게 사는 것만이 바른 길이 아니라 한 번 맺은 도심을 외면하지 않고 오히려 더욱 돈독하게 가꾸고 튼튼하게 하는 것도 인간 수업이며 수행이 아니겠는가.'

이것이 스님의 생각이었으리라.

언젠가 젊은 시절에 두 분이 서로 주고받은 편지를 읽은 적이 있다. 짧은 글 속에서도 은근한 우정이 느껴지고 도심이 넘쳤다. 친하면서도 더욱 상대를 존중하는 태도가 글에 물씬 풍겼다.

나는 왜 이런 도반이 없을까 하는 생각을 하면서 두 분 사이가 마냥 부럽기만 했다.

이것은 역시 오랜 세월 동안 서로 노력한 결과이리라. 인간이 인간을 등지고 무엇을 얻겠는가. 인간, 그 속에서 도를 얻고 뜻을 얻어야 바른 도가 아니겠는가.

나는 두 분의 진솔한 우정 속에서 인간의 길을 보았고 도반으로 살아가는 도심을 보았다.

그리고 스님의 은근하고 정답고 세밀할 정도의 자상하심을 다시 보게 되었다.

다 버리고 공부를 계속 해야겠어

 나는 대각사 시절부터 스님으로부터 가끔 들은 얘기가 있다. 스님 자신에 대한 표현이었는데 거의 무의식중에 독백으로 토로하곤 했다.
 "내가 공부를 더 했어야 하는데, 지금이라도 다 버리고 공부를 해야겠어."
 무슨 말씀인지 언뜻 와 닿지는 않았지만 내가 구체적으로 질문하기는 어려운 분위기였다. 내용상으로도 그렇고 해서 그저 듣고 지나가는 정도였는데, 때로는 '무슨 공부일까? 무슨 공부에 미련과 아쉬움이 저렇게 남았을까? 참선·교학·염불 아니면 속세의 학문일까?' 하는 의문을 갖곤 했다.
 그때 당시 나한테 스님이란 존재는 큰 산과 다름없었다. 모르는 것이 없을 뿐 아니라 게다가 내가 방에 들어갈 때마다 스님은 편안히 계신 적이 없었다. 방석 위에 단정히 앉아 책을 읽고 메모를 하거나 계획을 세우고 연구를 하는 한결같은 자세였다.

그런 분이 무엇을 더 배워야 하고 어느 부분이 부족하기에 저런 아쉬움을 토로할까 생각하며 의아하기만 했다.

지금 가만히 돌이켜 생각해 보면 스님의 아쉬움은 참선 정진이었던 것 같다.

스님은 처음 출가하여 노스님(동산 대종사)의 특별한 배려로 바로 선방으로 들어갔다. 그것도 거사 신분으로 말이다. 노스님 나름의 안목을 가지고 결정했겠지만 매우 파격적인 일이었다.

노스님의 그런 특별한 결정에 보답이라도 하듯이 스님은 매우 열렬히 정진했다고 한다. 흔히 범어사 금어선원의 고 처사(스님 속가 성이 고씨이다)를 모르면 수좌가 아니라고 할 만큼 정진이 두드러졌다고 한다.

1950년 가을, 스님은 입산하자마자 바로 납자들 수행처로 들어가 선에 입문한 것이다.(스님 입산시 한국전쟁이 한창이었는데 폐가 나빠서 징집이 면제되었다.)

그 해 1953년 겨울, 스님은 금정산 뒤 봉우리 미륵암에서 호산 스님의 도움을 받아가며 120일 특별 용맹정진을 치렀다. 그 뒤 몸이 너무나 허약하여 치료와 휴식을 위해 1954년 초에 동래 온천장에 있는 금정사로 내려갔다.(여름 해제 후에 범어사로 올라갔다.)

그리고 따뜻한 봄날 금정사 뒤 툇마루에 앉아서 정진하다가 체험[悟道]했던 공부 얘기를 내게 들려주었다.

1954년 그 해에 불교정화가 일어났고, 그 이듬해인 1955년 8월 15일 범어사 사무인계를 했다 하니 불교계나 스님이 몸담고 있던 범어사가 매우 술렁거릴 때이다.

그런데도 스님은 오직 공부밖에 몰랐고, 줄곧 참선 공부에만 전념하기 위해 1956년도에는 범어사를 떠나 기장포교당과 안적사에서 1년을 용맹정진으로 지냈다. 그리고 또 기장 앞바다에 떠 있는 섬 죽도에서 만 3년을 꽉 채우면서 오로지 참선 수행을 계속했던 것이다. 이렇게 보면 스님은 참선 공부를 가장 많이 했고 제일 좋아하는 공부였다.

사람은 자신이 가장 많이 한 공부에 더 미련을 갖는 법일까? 아마도 스님은 참선 공부에 대한 아쉬움을 토로했던 것 같다.

스님은 무슨 일이든지 하기로 계획을 세우면 소년 같은 순진함을 가지고 마무리될 때까지 열정을 쏟아 붓는다. 적어도 '적당히'라는 것은 없다.

그런데도 스님이 참선에 대해서 아쉬움을 갖는 것은 당시 불교계의 입장과 환경 탓이었다. 정화불사의 심부름으로 서울로 부산으로 영일(寧日) 없이 지내다 보니 좋아하던 공부를 더 못한 것 같았다.

스님의 아쉬움 속에는 그때 당시 모든 젊은 수행자들의 아쉬움이 포함되어 있을 것이다.

무늬만 출가

　부처님의 출가는 그 자체가 대자대비행이시다. 고해에 빠져 허우적거리는 일체 중생을 구제하기 위하여 모든 것을 버리고 결연히 집〔王宮〕을 떠난 것이기 때문이다. 그것은 부처님 자신의 고통이 자신만의 일이 아니라는 것, 일체 중생과 자신이 똑같다는 생각으로부터 불교의 출발이 시작되었고, 그러므로 뜨거운 구세대비의 원력이 차오르기 시작한 것이다.
　이와 같은 부처님의 출가를 본받아 출가한 수행자들은 마땅히 부처님처럼 살기를 노력하고 실천해야 할 것이다. 그와 같은 부처님의 본심을 일찍이 알게 된 스님은 조용한 산 속 절을 사양하고 끙끙 신음소리를 내면서도 도심 한가운데를 떠나지 않았다.
　쉬운 말로 스님도 출가한 분인데 왜 조용하고 공기 맑은 산 속을 싫어했을까? 누구나 머리 깎고 스님이 되었을 때는 깊은 산 속에서 성품을 어지럽히지 않고 조용하게 사는 꿈을 간직했을 것이다. 그런데도 스님은 어느 때나 사람들 곁에 머물렀다. 신음 중에도 사람을 만나고, 살아가는 얘기를 들으며 기뻐하고 슬퍼하는 인생사 '부질없는(?)' 일을 반복했다. 스님의 깊은 생각을 이해하지 못했을 때는 엉뚱한 생각까지 한 적이 있다.

"불광사를 못 잊어서 저렇게 무리하신다. 스님의 병환이 더 깊어져도 이제는 우리로서도 어쩔 수 없다. 그냥 지켜보는 수밖에 없다."

어리석은 상좌의 철없는 생각이고 상상이었다. 지금 돌이켜 생각해 보면 뼈아픈 참회가 든다. 이제 내 나이도 어느덧 반평생을 넘고 보니 이제야 스님의 속 생각이 가슴에 와 닿는다. 그것은 바로 스님의 자비요, 양심이요, 뜨거운 인간애며 고운 마음이다.

세상 사람들도 매연과 오염 가득한 도회지는 싫어하고 조용한 곳으로 떠나고 싶어한다. 그들도 출가자와 똑같은 인간들이니까. 그러나 세상 사람들은 생활의 터전을 버리고 가지는 못한다. 아니 갈 수 없는 것이다. 그들이 갈 수 없다면 스님 역시 갈 수 없는 것이다.

나는 여기에서 스님의 자비를 보았다. 병들고 아픈 몸을 근근이 이끌면서도 한사코 우리들 곁에 머물렀던 스님, 그것으로 법문이었다.

1998년 초가을 어느 날, 도피안사에 왔다가 차를 타고 떠나면서 이렇게 말씀했다. 나에게 남긴 마지막 부촉이자 유언이 되고 말았다.

"출가자는 대자대비로 가득해야 해요. 요즘 나는 야심과 탐욕에 가득한 사람들을 많이 봐. 형상은 출가자지만 마음 씀씀이에 있어서는 출가 정신을 조금도 볼 수 없어! 부디 송암의 가슴에 대자대비를 가득 담아요. 그래야 부처님의 가호가 있게 돼요."

차안에서 나를 가만히 건너다보면서 한 고구정녕의 마지막 훈도였다.

미국인 상좌

　내가 출가할 당시(1971년 초)만 해도 외국인이라고 하면 무척 드문 때였다. 물론 미군부대 주변이야 예외겠지만 다른 곳에서 외국인 만나기는 어려웠다. 어쩌다 노랑머리를 한 외국인을 만나면 신기하여 자꾸만 쳐다보며 따라다닐 때였다.
　그런데 범어사에 가니 키가 크고 덩치가 코끼리만한 미국인 스님이 있었다. 후원에서 온갖 일을 마다 않고 허드레 일을 하는 우리 행자들이 '헬로우' 하고 불러도 사람 좋은 웃음을 마냥 보내 주었기에 행자들에게는 인기가 높았다.
　나는 언제나 스님이 되어서 밥짓지 않고 큰방(강원이나 선방)에 들어가서 공부하고, 갖다 주는 밥 먹으며 행자들에게 큰소리 한 번 쳐볼까 하고 위로 쳐다보고만 살던 때였다. 그러니까 계를 받고 어서 스님이 되어야겠다는 갈증이 심하여 마음이 간절하기만 하던 시절이었다.

그 미국인 스님은 우리 행자들을 무시하지 않았다. 우리 행자들은 자기와 똑같이 친절하게 대해 주는 미국인 스님의 그림자가 행자들의 생활 공간인 후원에 얼씬만 해도 기분이 좋을 시절에 나는 그를 만났고, 더욱이 그가 바로 광덕 스님의 상좌라는 것도 알게 되었다.

미국인 스님의 이름은 케리였다. 절 안의 사람들은 모두가 케리라고만 불렀다. 이름 뒤에 스님이라고 붙이지도 않고 케리, 케리 하면 되었다. 행자에게도 케리였고, 주지 스님에게도 케리였다. 훗날 내가 스님이 되어 퇴계원 보현사에서 그를 만났을 때 그의 한국식 법명이 광래(光來)라는 것을 비로소 알게 되었다.

그때 케리 스님은 범어사를 떠나 그 당시 스님들 중에서 영어를 잘 한다는 해인사 홍교 스님에게 갔다.

스님이 사제인 홍교 스님에게 부탁을 하여 케리 스님의 지도를 맡겼다. 그렇게 해서 한국불교의 대표적인 수행도량 해인사에서 케리 스님은 도를 닦았다.

지금 생각하면 케리 스님의 한국 생활은 무척 어려움이 많았으리라는 생각이 든다. 당시 큰절에서는 케리 스님을 위해 특별히 배려한 것이 없었다. 대중들과 똑같이 공양하고 일과 수행하며 같은 시간에 잠자리에 들었다.

케리 스님은 눈이 커서 겁이 많아 보였고, 체격은 코끼리 같았지만 순진하여 그 모습이 선량하기 그지없었다.

미국 사람 중에서도 큰 편에 속했기에 그가 제일 곤란한 점은 그에게 맞는 신발이 없다는 것이었다. 때로는 알맞은 신발을 구하지 못해 아주 작은 신발을 끌고 다닐 때도 있었고, 처음 한국에 올 때 신었던 신발을 다 떨어질 때까지 신고 다니기도 했다.

그런 그가 미국으로 간다는 소식을 들었을 때 나도 마음이 울적했다. 당시에는 떠나는 이유를 몰랐는데, 그 후에 들은 얘기로는 환속을 했다고 한다.

그가 1973년 10월 9일, 미국으로 떠날 때 스님은 무척 아쉬워했다. 특별히 내색하여 표현하지는 않았지만 지금까지 내 기억에 남아 있는 그때의 스님 표정은 케리 스님과의 이별에 대한 아쉬움과 연민이 얼굴 가득한 모습이었다.

해인사 백련암

모두들 잘 알다시피 해인사 백련암은 성철 스님께서 머무시던 곳이다. 그분은 개인적으로 내게는 사숙이 되었지만 워낙 고존숙(高尊叔)이었기에 감히 거명하여 함부로 부르지 못하고 그냥 '백련암'이라 불렀다.

스님과 성철 스님은 사형제지간이었고, 그 많은 노스님(東山)의 문인들 중에서 특별히 다정한 사이로 지냈다. 스님이 경전을 번역하면 성철 스님은 직접 서문을 쓰실 정도로 법과 인정에 함께 각별한 지음(知音)을 나누었다.

그러다 보니 가끔 스님이 불광의 여러 일을 제쳐놓고 백련암에 인사를 다녀오기도 했다.

스님은 평소에 백련암에서 나온 책이나 글을 대하더라도 마치 가까이 있는 분을 대하듯이 진중하고 정성스럽게 했다. 스님 마음에서 우러나오는 존경과 정을 곁에서도 쉽게 느낄 수 있었다. 그러한 광경을 곁에서 바라보는 나도 따라서 백련암 고존숙께 경건해지고 엄숙해짐을 느꼈다.

한때 백련암에서 성철 스님의 시봉을 맡았던 외우(畏友) 원정의 얘기를 들어 보면 내가 느낀 것 이상으로 두 분 사이가 밀접함을 전해 들을 수 있었다.

새로 짓기 전의 백련암은 좌선실과 염화실이 이어 있었다. 조금 떨어진 서쪽에 관음전이 있었는데 그곳은 큰스님들이 방문하면 머무는 장소였다. 석호, 향곡, 석암 등등 당대의 큰스님들이 백련암에 갈 때 으레 지내는 백련암 특등 객실인 셈이다.

1970년대 초, 그러니까 스님 연세 사십대 중반 무렵, 백련암에 가면 일주일씩 관음전에서 머물기도 하고, 때로는 원고 보따리를 들고 가서 교정을 보아가며 의심나거나 완전하지 못한 부분이 있으면 성철 스님께 여쭈어서 수정 보완하기도 했다고 한다.

두 분의 연령 차이는 있었지만 서로 존경하고 아끼는 마음에는 아무런 간격도 없었는 듯, 스님이 백련암에 도착하면 성철 스님께서는 시자를 불러 공양상을 잘 차리라고 분부하셨다고 한다.

성철 스님께서는 자기 자신에게 매우 엄격하고 호랑이라는 별명이 있을 만큼 무섭기도 한 분인데, 멀리서 사제가 왔다고 김치와 간장으로만 된 산중 식단을 특별명령을 내려 바꾸었던 것이다. 잘 차린다고 한들 나물 하나 더 오르는 정도지만 다만 사제를 생각하는 어른의 마음을 알 수 있고 느낄 수 있는 것이다. 반갑고, 좋고, 기쁘고 하는 여러 이야기를 한마디로 줄여서 표현한 것이리라.

스님이 여러 날을 백련암에 머물 때는 가끔 아침 일찍 행전도 치지 않고 그냥 바지만 둥둥 걷어올리고 마치 개울물 건너온 사람처럼 성철 스님이 계시는 염화실로 들어가기도 하고, 때로는 성철 스님께서 관음전으로 찾아가서 서로 말씀을 나누시기도 했다고 한다.

이런 얘기를 미루어 생각해 보면 두 분 사이에는 세간의 격식이나 예의 범절마저 초월한 세계의 진솔한 면모가 넘쳐 있었고, 따뜻한 인간애의 향훈이 흘렀던 모양이다.

큰스님이 왜 만날 아프지

스님을 모시고 있다 보면, 신도들의 엉뚱한 질문을 많이 받게 된다. 그 중에 가장 까다로운 질문은 스님의 건강에 관련된 질문이다.

"도가 높다는 큰스님이 왜 자꾸 편찮으시지요?"

"도를 닦거나 기도를 하면 있던 병도 다 낫는다고 들었는데 왜 안 낫지요?"

사실 이런 질문을 받으면 대답하기가 곤란하다. 여기서 내가 대답할 수 있는 범위는 솔직해진다든가 정성스럽다든가 하는 차원이 아니다. 질문자의 시야를 시원하게 넓혀주고 좁은 통로를 속시원히 열어 주어야 하는 것이다. 즉 한마디로 신앙지도가 되어야 한다.

사실 인간의 몸은 기계와 같다. 쓰면 닳고 닳으면 고장도 나게 된다. 오히려 고장나지 않는 것이 이상한 것이다. 물론 예외도 있지만 예외는 평균치가 아니다.

그러므로 나는 먼저 질문자를 향해서 이렇게 되물어 본다.

"일반 불자가 몸이 아프거나 병이 나면 너무 과로하거나 힘들거나 부주의해서 발병되었다고들 한다. 가정을 위해서, 자기 자신의 사업을 위해서 애쓰다 보면 병이 나기도 한다.

그런데 우리 스님의 경우에는 왜 병이 났을까? 가정을 위해서, 무슨 특별한 사업을 위해서, 아니면 화가 나거나……."

스님이 병이 난 것은 사실이다. 거의 평생을 끙끙 앓았으니 말이다. 그러나 스님의 병은 부처님의 가르침을 전하기 위해 애쓰다가 난 병이요, 많은 사람들의 고통을 몸소 껴안아서 전염된 병이요, 종단의 장구한 발전을 위한 고뇌의 병이요, 오늘도 지구 어디선가 전쟁이나 기아로 죽어가는 인류 행복을 염원하는 대비의 병이었다.

우리의 병은 번뇌가 일으킨 병이지만, 스님의 병은 대비가 일으킨 병이다. 즉 일체 중생이 행복해지면 저절로 없어질 병이다.

무엇보다 중요한 것은, 스님은 그런 병약한 몸으로도 입적하는 순간까지 출가 수행자의 도리를 소홀히 하지 않았다는 것이다. 건강한 몸으로 그렇게 수행한 것보다 병약한 몸으로, 어린애처럼 쓰러질 듯 주저앉을 듯 힘겹게 걸으면서도 끝까지 그 길을 갔다는 것이 내게는 더 중요한 법문이고 정법의 위의이며 훈도였던 것이다.

하늘 꽃

　스님의 평소 출가에 대한 생각은 매우 각별했다. 하긴 부처님께서도 출가하였고 스님 당신도 출가한 입장이었으니까 그럴 수밖에 더 있겠나 하겠지만, 그런 직접적인 이유에서만이 아니라 좀더 보편타당한 생각을 가지고 있었다. 자주 출가를 거론하여 강조하는 것은 아니지만 가끔 이야기 속에 묻어 나오는 스님의 생각들을 모아 보았을 때 그렇다는 것이다.
　경에도 출가에 대한 부분이 뜻깊게 시설되어 있다.
　세상에 작지만 작지 않은 것이 셋 있다. 뱀이 작아도 독이 있어서 물리면 죽게 되고, 어린 왕자가 작아도 커서 왕이 되면 사람의 생살여탈권을 갖게 되고, 사미가 작아도 도인이 되면 삼계를 뛰어넘어 인천(人天)의 스승이 되고 대자유인이 된다. 물론 출가를 강조하기 위한 것으로 앞의 두 가지는 비유이다.
　스님은 상좌인 우리들에게 출가 수행자의 역할을 단정적으로 적시

(適示)했고 또한 몸소 실천했다. 모름지기 출가자가 절 살림을 하느라 시간을 보내서는 안 되고, 스승 시봉을 하느라 배움의 기회를 미루거나 대신해서는 안 된다고 했다. 절 살림은 신도들에게 맡기고, 출가자는 오로지 법의 증거자가 되어야 하며, 보살행의 중심이 되어야 한다고 늘상 강조했다. 세간 사람들이나 재가불자들이 하지 못하는 출가자들만의 고유한 영역을 지켜야 한다고 역설했다.

만약 출가자들이 법의 증거자가 되지 못하고 보살행의 중심이 되지 못한 채 아무리 일을 잘 하고, 스승에게 효성스러운 상좌가 된다고 하더라도 출가의 신성한 의무를 저버리는 것이 되어 결국에는 불조(佛祖)에 큰 죄를 짓게 된다는 것이 스님의 생각이었다.

스님은 불광사를 지어서 본격적인 포교활동을 하면서도 상좌가 공부하러 간다면 언제고 막지 않았다. 스님 자신의 건강이 좋지 않고 당장 절 지킬 사람이 없어도 상좌이기 전에 한 사람의 출가자로서 배워야겠다는 의지를 결코 막지 않았던 것이다. 곁에서 모시고 있을 때는 야속하고 섭섭한 생각이 들 정도로 상좌들이 오고가는 것에 관여하지 않았다.

아울러 스님 스스로가 출가자로서 드높은 자부심을 가지고 있었다. 출가자로서의 엄정한 자존심을 견지하고 비로봉 정상을 독보하는 기상으로 출가의 위의가 사뭇 당당했다. 그렇기에 상좌들이나 후배를 만나면 게으르지 말 것과 항상 경전을 가까이 할 것을 독려하고 강조했다.

부처님 출가절이 음력 2월 초여드렛날이다. 스님은 이날을 전후하여 가장 가까운 일요일을 '스님의 날'로 정하여 신도들이 꽃공양과 사사공양을 올려 경배하는 의식을 가졌고, 출가 앞에 머리 숙여 감사하는 자세를 심었다.

아마도 한국불교 역사이래 '스님의 날' 행사를 감동스럽게 거행했던 분은 오직 스님이 처음이었을 것이다.

언젠가 한 말씀이다.

"하늘 꽃이 비록 시든다 해도 활짝 핀 지상의 꽃보다 훨씬 더 아름답다."

6

뛰어난 혈통이야

종 단 이 야 기

불광사 초대 교육지도위원을 맡았을 때다. 첫 교육 준비를 해놓고 교육생을 모집할 때가 되었다. 내가 수강료 얘기를 꺼내자 돌연 스님은 엄숙한 얼굴로 나를 바라보았다. 영문도 모르는 채 나는 고개를 푹 꺾고 말았다.
"이봐, 부처님 법을 사람들에게 알려 준다고 해서 그 대가로 돈을 받으면 안돼. 그러면 그건 장사야. 율장에 그렇게 못하도록 명시돼 있어. 알았지?"
스님은 나를 안타까운 눈빛으로 바라보았다.

봉은사를 구하지 못하면 분신공양하겠습니다

스님은 무척 온유한 분이었다. 물론 젊었을 때야 출가 정신이 충일하기로 둘째 가라면 서러워했을 칼칼한 정신의 소유자였지만 말이다.

내가 출가한 뒤 범어사 선배들로부터 스님 얘기를 무척 많이 들었는데, 그 내용은 거의가 찬바람(?) 나는 얘기들뿐이었다.

그러나 스님도 수행 속에서 세월 속에서 많이 달라져 갔다. 자비롭고 인욕하는 보살로 말이다. 그런 뜻에서 보자면 스님의 젊은 시절을 아라한으로 표현하고 그 이후는 보살로 표현해도 되지 않을까 한다.

스님은 찬바람 속에서도 화롯불 같은 따뜻함과 봄 언덕의 포근한 희망과 평화의 아름다움을 가지고 있었다.

스님은 1971년도에 조계종 총무원 총무부장을 맡았다. 종단을 위해 불철주야 노고를 아끼지 않았을 때다.

그때의 일화 한 토막을 어느 날 스님이 직접 들려주었다.

그러니까 스님이 종단 소임을 맡기 전, 조계종에서는 봉은사에 딸린 땅을 팔았다. 봉은사 땅이 왜 팔렸는지, 어떻게 진행되었는지에 대해서는 스님의 말씀이 없었다. 나 역시 얘기 주제가 다른 데 있었으므로 그쪽은 감히 묻지 않았고, 이미 봉은사 땅 건은 모든 종도들의 큰 아쉬움과 비난이 팽팽한 것이었으니 새삼 거론하기도 분위기가 딱딱해질 것 같았다.

어쨌든 스님은 팔린 땅의 뒷수습을 맡은 것이고, 문제는 땅을 팔고 나서 측량을 해 보니 봉은사 대웅전 마당까지 넘어가게 됐다는 것이다. 제대로 측량해 보지도 않고 주먹구구로 문서만 놓고 땅을 팔다보니 그런 기가 막힐 일이 생긴 것이다. 그냥 가만히 있으면 한국불교의 뛰어난 고승을 다수 배출하고, 스님 자신도 주지로 머문 인연이 있는 종단의 대표 사찰이 하루 아침에 문을 닫을 지경이 되었더라는 것이다. 스님은 그 당시의 심정을 이렇게 술회했다.

"도저히 참을 수 없는 일이었지. 외면해서도 안 되는 절체절명의 피할 수 없는 순간임을 직감했지. 그래서 내가 봉은사를 목숨 걸고 지키기로 결심했지."

그러면서도 스님은 끝내 봉은사 땅을 팔게 된 경위며 그 일을 감행한 스님들에 대해서는 한마디도 하지 않았다. 기왕 말이 났으니 아무개 스님이 잘못 판단해서 그렇게 되었다고 한마디쯤은 할 법도 한데 그런 기미조차 보이지 않았다. 후학들도 대략 눈치는 채고 있는 그 일을 놓고도 스님은 전혀 다른 각도에서 문제를 해결하려 했던 것이다. 그러니까 일이 그렇게 어그러진 것이 누구 한두 사람의 잘못이 아니라 종단 전체의 일로, 또는 스님 자신의 일로 받아들이고, 스님이 직접 해결하기로 나선 것이다. 보살의 눈으로 보면야 세상사 모든 잘잘못이 당신의 일이 아닌 것이 없을 테니 말이다.

스님은 먼저 조계사 대웅전 부처님께 나아가서 각오를 아뢰었다.

"부처님께서 저에게 지혜와 용기를 주시고 봉은사를 지키도록 가호하시고 인도하여 주소서!"

그렇게 기도를 마치고는 백방으로 뛰었다.

워낙 정부 기관 여러 곳에 얽힌 일이고, 또 법적으로는 전혀 하자가 없는 일이라 스님의 호소를 듣고 도와주려던 사람들도 손을 들었다. 정말이지 어떻게 해 볼 도리가 없는 딱한 지경이 되었다. 도장 꽉꽉 눌러서 분명히 팔았고, 돈도 받아 썼으니 법적으로나 사회 통념으로나 꼼짝없는 상황이었다. 그래도 스님은 부처님의 도량을 지키는 일에서만은 법이고 사회 통념이고를 넘어섰다. 아닌 건 아니고, 옳은 것은 옳은 것이라는 대쪽같은 호법정신 때문이었다.

개인적으로는 남에게 부탁을 하지 않는 스님의 성품을 알고 있던 주변 사람들로부터 오죽하면 그 꼿꼿한 광덕 스님이 저렇게 죽자사자 뛰어다닐까 하는 이해와 동정을 받기만 했지, 실상 변화는 아무것도 없었던 것이다.

"법적으로 전혀 손을 쓸 수가 없습니다. 도와드릴 길이 없습니다."

"서류상 아무 하자가 없으니 달리 길이 없습니다. 이건 누가 나서도 안 되는 일입니다."

들리는 말은 똑 같았다.

이런 막다른 골목에서 스님은 정말 비장한 결심을 하고 다시 조계사 부처님께 나아가 서원했다.

"봉은사를 구하지 못하면 저는 분신공양하겠습니다."

정말 죽겠다고 마음먹으니 오히려 담담해지고 냉철해지는 것을 느꼈다고 했다. 그리고 자신감이 차오르는 것을 느꼈다고 했다.

나는 스님의 이야기를 들으면서 항상 온유한 모습을 잃지 않던 인욕보살인 스님이 어디서 그런 무서운 결심이 나왔을까를 생각했다.

스님의 무서운 결심에 불보살님이 인도하시고 화엄신장이 앞장섰는지 정말이지 뜻하지 않던 곳에서 일이 풀려 오늘날의 봉은사 경내를 확보하게 됐다고 했다.

그런 말씀을 들으면서 나는 시종일관 스님의 표정에서 눈을 떼지 못했다. 수십 년이 지난 일이었음에도 극적인 순간을 얘기할 때는 사뭇 결연한 표정이 스님 얼굴에 그대로 나타났기 때문이었다.

우리가 흔히 외유내강을 이야기하지만 실제로 그런 인격체를 만나기는 어렵다. 그때 만약 봉은사 경내까지 땅이 깎여 나갔다면 스님 성품으로 볼 때 분명히 분신공양을 하고도 남을 분이었다. 지금은 일이 잘 되어 옛날 이야기 삼아 제자를 앞에 두고 이야기했지만 그때는 목숨을 걸고 이를 물었을 스님이다. 지금도 봉은사를 생각하면 스님이 분신공양으로 서원하던 모습이 머리에 떠오른다.

법을 돈 받고 팔지 말라

불광사 초대 교육지도위원을 내가 맡았다. 바라밀 교육, 명교사 후보생 교육, 포교사 후보생 교육 등 거의 모든 교육의 틀을 만들었다. 물론 스님의 지시사항을 받드는 것이 주요 임무였다.

교과과목, 시간 배정, 강사 선정, 강의 요점 등 자세히 스님이 일러주었다. 교육 횟수가 한참 지나고 난 뒤에야 어느 정도 일을 맡겨 주었지만 교육 초기에는 스님께서 몸소 모든 부분에 세밀하게 마음을 썼다. 다행스러운 것은 내가 교육학에 관심이 있어서 동국대학교를 다니던 시절에 여러 강좌를 들었던 밑천이 조금 있어서 가끔 스님의 의도를 빨리 이해할 때도 있었다.

첫 교육 준비를 해놓고 교육생을 모집할 때가 되었다. 대중에게 공지하기 위해 결정해야 될 중요한 부분이 수강료였다. 소위 교육비다. 내가 수강료 얘기를 꺼내자 돌연 스님은 엄숙한 얼굴로 나를 바라보았다. 미처 영문도 모른 채 나는 고개를 푹 꺾고 말았다. 뭔가 스님으로부터 꾸지람이 떨어질 분위기였기 때문이다.

한참 지난 뒤 스님은 예의 그 온화한 모습으로 나를 불렀다.

"이봐, 지원! 부처님 법을 사람들에게 알려준다고 해서 그 대가로 돈을 받으면 안 돼. 그러면 그건 장사야. 율장에 그렇게 못하도록 명시돼 있어. 알았지? 설령 다른 곳에서는 돈을 받는 절이 있어도 우리 절에서는 안 돼. 내가 살아 있는 한, 또는 죽고 난 뒤에라도 지켜야 해."

그 후에도 강사 초청 등 교육 비용이 너무나 딸려서 한 번 더 의견을 말씀드렸다.

"스님, 수강료를 조금만 받지요. 사람들이 돈을 내면 공부도 더 열심히 할 뿐만 아니라 결석도 하지 않는답니다."

이번에는 나를 불쌍한 눈빛으로 바라보았다. 결국 미련스럽게 알아듣지 못하는 내게 자세한 설명이 있었다.

'사람을 가볍게 여기거나 업신여기는 짓은 부처님 가르침에 크게 위배된다. 모든 사람들은 부처님과 조금도 다름없으니 부처님으로만 대해야 한다. 교육 효과와 능률을 높이기 위해서 하는 일이라도 기본 안목(모든 사람을 부처님으로 봄)이 어긋나 있으면 모든 것이 뒤죽박죽 엉망이 되고 만다.' 대략 그런 말씀이었다.

그 후로 나는 두 번 다시 스님의 뜻을 거슬리려고 생각하지 않았다. 이 말씀에 따라 방배동에서 독자적으로 포교당을 운영할 때도 교육비를 받지 않았다. 그러나 교육을 다 마치고 각자 감사 공양금을 올리는 것은 막지 않았다. 신앙이나 수행은 자발적이어야 하고, 마음에서 우러나와야 한다는 것이 스님의 뜻이었다.

스님은 작명가

스님은 해마다 11월이 되면 재가(신도) 5계 수계식을 개설했다. 1년 동안 전법하고 포교한 새로운 형제들에게 부처님 인연을 더욱 가깝게 만들어 주고 "내가 불자다" 하는 확실한 믿음의 힘을 손에 쥐어 주었다.

일반적으로 수계에 대한 말을 꺼내면 대부분의 신도들은 우선 받아들일 감당을 하지 못했다. 계를 완전히 지킨다는 자신이 없기 때문일 것이다. 받는다 해도 지키지 못할 게 뻔한 일인데 받으면 어쩌나. 오히려 더 큰 죄를 짓는 것이 아닌가 등등의 생각들로 여러 얘기가 분분했다.

그때마다 스님은 무척 단호했다.

"계를 지키기 어렵다고 아예 계를 받지 않겠다고 하는 것은 마음 놓고 온갖 그릇된 일을 하겠다는 것이 아닌가? 계를 받으면 자기 몸에 계체(戒體)가 형성되어 점점 잘못을 멀리하고 성인의 지위로 나아

가게 된다. 처음부터 온전히 지키지 못한다 해도 용기를 내어 당장 이 자리에서 계를 받아라. 결코 때를 놓치지 말아라."

여러 말을 모두 잠재우고 난 뒤 수계식을 거행하면 매번 1,000명 이상의 형제들이 불광계단에서 계를 받았다. 이렇게 해서 5계를 받는다 해도 그 많은 사람들의 불명을 짓는 것이 보통 일이 아니었다.

수계철이 되면 스님은 몇 날 며칠이든지 불명 짓는 일에만 전념했다. 마치 용맹정진하는 선사처럼 일체 다른 일은 미뤄 놓고 이름 짓는 일에 전력을 기울였다. 수계 신청자의 속명과 가족 관계 등 여러 자료를 앞에 놓고 한사람씩 작명해 가는 것이다.

스님이 이름을 짓는 기준은 우선 속명과 어울릴 수 있는 이름이어야 하고 부르기가 좋아야 한다. 심한 파열음이 난다거나 발음이 어려운 글자, 사람들의 일반적인 분위기에 거슬리는 이름은 가급적 피했다. 그리고 무엇보다 스님이 중요하게 생각하는 부분은 불명 속에 부처님 진리의 뜻이 그대로 내포되어야 했다. 이 부분이 어긋나거나 부족하면 아무리 좋은 이름이라 해도 쓰지 않았고, 이미 여러 사람들이 쓰고 있어도 따르지 않았다.

이런 까닭에 스님으로부터 계를 받은 사람은 그 이름만 들어도 금방 알 수 있을 만큼 구별이 되었다. 그 까닭은 천 명의 많은 수계자라 하더라도 한사람 한사람에 대한 작명에 허술한 구석이 전혀 없었기 때문이다.

수계자들은 수계 당일에 스님이 지어준 불명을 받아 들고 모두가 기뻐하고 좋아했다. 역시 불명 작명은 정성이 없거나 적당히 지어서는 그 많은 사람들에게 기쁨을 줄 수 없다는 것을 반증한 것이 아닐까.

수계자 가운데 이미 다른 절에서 불명을 받은 사람이라면 그 이름을 그대로 받아 적어서 계첩에 기록해 주었다. 다른 곳 다른 스님으로부터 받은 이름을 쓱쓱 지우고 스님 뜻대로 다시 짓지 않았다. 스님이 수많은 불명을 지으면서 불명 짓기가 얼마나 힘든 일인가 알았기 때문에 다른 스님의 노고를 존중해서였다. 그리고 스님들 상호간의 보이지 않는 예절과 의리를 존중하기 때문이기도 했을 것이다.

작명도 힘든 일일 뿐더러 또 짓는 사람의 뜻(훌륭한 불자가 되기를 바람)이 이름 속에 들어 있는데 그것을 무시하고 한순간에 다른 이름을 척 지어주면서 그것보다 이것이 낫다고 한다면 무례한 일이라는 생각을 스님은 가지고 있었다.

그 다음은 신도들이 스님들을 존경해야 수행이 순조롭고 도에 가까워진다. 여기저기서 수없이 이름 받아서 이것도 쓰고 저것도 쓰는 사람이라면 이름 지어준 사람에 대한 존경심이나 스승이라는 생각을 얼마나 가질까 하는 생각을 스님이 염두에 두었을 것이다.

불명에 대해서는 이런 일화가 있다.

스님이 병환이 깊었을 때 가까운 단월의 도움을 받았다. 그 단월은 이미 다른 스님으로부터 불명을 받았으나 스님을 모시면서 스님에게 직접 이름을 받고 싶어서 여러 차례 간청했어도 스님은 웃기만 했다. 결국 그 단월은 뜻을 이루지 못했다. 설령 스님이 그 단월에게 새로 이름을 지어준다 해도 이미 지어준 스님이 어떻게 알겠는가 하겠지만 스님은 오로지 근본에만 마음을 두었다.

종단의 은혜를 잊지 말라

　기묘년 양력 3월 3일 오전 10시, 범어사 대웅전 앞마당에서 스님의 영결식이 거행됐다. 스님 육신의 마지막 고별이다.
　그때 종회의장(법등 스님)의 추도사 중에서 종단에 대한 스님의 높은 기여와 헌신에 대한 칭송이 있었다.
　내가 스님 곁에서 느끼는 여러 가지 일들 중에서도 스님이 종단을 생각하고 아끼는 부분은 참으로 각별했다. 물론 종단 내의 어른이라는 스님 자신의 위상 때문이라고 볼 수도 있겠지만, 그러한 체면이나 위신의 문제가 아니라 스님 마음 밑바닥에서 우러나오는 종단에 대한 애정이 있었던 것이다.
　해마다 다가오는 불광회 창립 기념법회 날에는 거의 빠짐없이 총무원장을 초청하여 불광법우 모두에게 종도의 일원이라는 것을 깨닫게 했고, 또한 사월 초파일이 되면 어김없이 종단 제등행렬에 몸소 참석했다.

여의도 광장에서 조계사까지 거리는 불과 얼마 되지 않지만 실제로 제등행렬에 참석하자면 오후 2시부터 나가서 거의 밤 12시가 되어서야 끝나는 것이 보통이었다. 으레 저녁 공양을 넓은 여의도 광장에서 몰아치는 바람 앞에 앉아서 먹어야 했고, 대열의 행진이 시작되어도 가다 서기를 수없이 반복해야 했다. 불과 얼마 전까지만 해도 제등행렬하는 불자들에게 최루탄 세례를 퍼부어서 콧물, 눈물 범벅을 만들 때도 있었다.

스님 연세 육십이 훨씬 넘고 몸이 허약하여 비틀거려 가면서도 어김없이 제등행렬에 참석하는 스님의 뜻은 역시 종단에 대한 애종심이라고밖에 볼 수가 없었다.

스님 인생의 장년, 중년기에도 건강이 여의치 않았지만 노년기에 접어들어서는 더더욱 악화일로를 걸었다. 그러한 병약한 몸을 이끌고 행렬에 앞장서는 것을 보면 처음에는 납득이 가지 않을 만큼 집착하는 느낌을 받았었다.

이제 다시 돌이켜보면 역시 스님 가슴에 담겨진 애종심과 한국불교를 아끼고 튼튼히 하고자 하는 뜨거운 열정이 거기에 넘쳐 있었던 까닭이라는 것을 확신하게 된다.

제등행렬 지휘부의 새파란 젊은이들도 차를 타고 휑하니 지나가 버리는데 비슷한 또래의 스님으로는 유일하게 스님만이 거센 바람 앞에 몸을 허청거리면서 손에 연등을 들고 불광 법우의 선두에 서서 한발 한발 힘겹게 걸음을 옮겼다.

이제 다비식을 마치고 다시 스님을 생각하면서 그때의 일을 회상하니 몹시 숙연해지고 스님의 체취와 숨결이 더욱 그립다.

스님은 종단을 위해서는 어떤 일도 마다하지 않았고, 주저하지 않았다. 심지어 비난과 욕을 들으면서도 충성을 멈추지 않았다. 내게도 기회 있을 때마다 종단의 은혜를 말씀하고 강조했다. 한국불교의 새 물줄기라는 스님의 주장은 종단을 튼튼한 뿌리로 인정하는 가운데 솟아 나온 신앙 개혁이었다.

대의명분과 스님 자신의 양심에 기준하여 평생을 수행자라는 높은 긍지로 일관했던 스님의 행화지덕(行化之德)을 다시 조용히 떠올려 본다.

경전을 함부로 번역하지 말라

　평소 스님들 사이에서 우리 스님은 신심 있기로 정평이 나 있다. 누구든지 광덕 스님이라고 하면 신심 있는 분이라고 먼저 말한다. 어려운 병중에서도 나약하지 않았던 스님의 정신은 모두가 신심 때문이라고 이구동성으로 입을 모았다.

　곁에 모시고 지냈던 우리들도 스님의 신심은 참으로 장하고 대단하다고 느꼈다. 우리가 쉽게 흉내낼 수 없는 부분이었고, 따라가기 어려운 스승의 자리였다. 일상의 생활이 신심으로 이어지는 삶이었다. 특히 경전 번역이나 스님이 지은 찬불가 가사를 보면 스님의 신심이 그대로 드러난다. 스님이 작시한 열반의 노래를 예로 보자.

　1. 하늘 꽃 비 내리고 풍악소리 은은한데
　　 빛나옵신 부처님 열반상을 나투셨네
　　 중생에게 무상보리 이루게 하시고저

무량수명 팔십으로 줄이시어 거두셨네

2. 부처님은 법신이라 상주금강 몸이시라
　　온갖 고통 여의셨고 무아 무상 넘으셨네
　　상락아정 무량공덕 중생들과 함께 하니
　　일체 중생 빠짐없이 모두 성불 축복했네

3. 불자여 형제여 크신 부촉 받드오세
　　거룩하온 계법문을 스승으로 받들고서
　　방일을 멀리하고 용맹정진 이어가서
　　크신 공덕 보답하고 열반 언덕 가옵고저

　신심으로 보는 부처님, 그러한 부처님을 표현한 글. 역시 부처님의 말씀인 경에 대해서도 신심으로 대하고 있음을 위의 가사를 통해 다시금 느끼게 한다. 어느 날 스님은 이렇게 말했다. 신심으로 경을 대하라는 뜻이다.
　"혹시 앞으로 경전을 번역할 때가 있으면 품위 있는 문장을 쓰도록 해라. 어렵다고 해서 고유의 용어나 술어를 낱낱이 풀거나 함부로 새로운 경전 용어를 임의로 만들지 말아라."
　스님 자신이 이런 정신으로 경전을 번역했다. 『반야심경』과 『보현행원품』을 보면 경전 번역에 대한 스님의 자세를 금방 알 수 있다.

천수 관음경에 대한 말씀

스님은 성품이 치밀했다. 특히 부처님 말씀에 대한 부분에 있어서는 더욱더 엄격한 자세로 일관했다. 일에 있어서도 대강 넘어가는 예가 없지만 경문을 번역하거나 주를 달 때 보면 온갖 자료를 동원하여 그 중에서 최종적인 선택을 조심스럽게 했다.

스님 스스로의 고백을 통해서도 이런 점은 그대로 나타났다. 『법보단경』(『육조단경』: 광덕 역)을 번역하면서 주(註)에 대해서 많은 정성을 들였다고 말씀했다.

스님은 제일 처음으로 『보현행원품』을 번역하고 두 번째로 『법보단경』을 번역했는데 그때처럼 정성을 쏟은 적이 없었다.

평소 내가 기록하기를 좋아하고 자료 모으는 걸 눈여겨 두었는지 경전 해석을 하다가 해명이 필요한 부분이 있으면 꼭 따로 일러주곤 했다.

『천수경』을 우리말로 번역할 때 생겼던 부분도 그랬다. 그 자리에는 혜하 최인식 거사가 함께 하였다.

1990년 1월 27일 설날, 그날 기후는 흐렸다고 적혀 있다.

오전에 차례를 지내고 오후에 스님 방에 갔더니만, 스님은 기억력이 자꾸만 저하된다고 호소하면서 그때그때 생각나는 대로 얘기할 테니 잘 들어두라고 운을 떼었다.

나는 평소 습관대로 수첩과 볼펜을 꺼내 들었다.

고려대장경, 신수대장경에 있는 『천수경』 원문과 현재 우리 나라에서 쓰이고 있는 것의 차이점을 지적해 주면서 스님의 입장을 설명했다.

몇 가지 예를 든다면, 경에는 '원아속득계족도(願我速得戒足道)'인데 지금 쓰이기로는 '계정도(戒定道)'라고 하며 '원아조등열반산(願我早登涅槃山)'인데 지금은 '원적산(圓寂山)'이라고 한다든가 「신묘장구대다라니」 마지막 부분이나 기타 몇 곳이 더 있다.

"원래 경에 충실해야 하지만 지금 널리 통용되는 염불에 혼동을 줄 것 같아서 나는 쓰고 있는 그대로를 따랐다."

매사를 신중하게 처리하고, 더더욱 부처님 말씀에 있어서는 자기 의도대로 하지 말고, 부득이한 경우에는 명확한 근거가 있어야 된다는 훈도였다.

반야심경 번역에 대하여

 스님은 『천수경』에 대한 말씀을 마치고 바로 이어서 『반야심경』 번역에 대한 견해를 밝혀 주었다. 사실 나는 평소에 별다른 생각 없이 독경하던 경이었으나 스님 말씀을 듣고 곰곰이 짚어 보니 경의 뜻과 맛이 조금씩 달랐다. 많은 사람이 외우고 있는 경문을 정확하게 밝혀 놓으려는 스님의 의도를 알 것 같았다.
 『반야심경』 한문본 중간을 보자.
 무노사 역무노사진 무고집멸도 무지역무득 이무소득고
　(無老死 亦無老死盡 無苦集滅道 無智亦無得 以無所得故)
 '노사까지도 없되 노사 다 됨 역시 없고 고집멸도 없으며 슬기 없어 얻음 없나니 얻을 바 없으므로.'
 전통적인 한문 역으로만 본다면 "이무소득고(以無所得故)니라" 해야 맞는 문장이 되지만 범본(梵本)에는 위의 번역(불광)과 일치한다.
 다시 『반야심경』 한문본 뒷부분 구절을 보자

'시무등증주 능제일체고(是無等等呪 能除一切苦)'

이 문장 앞에 있는 고지(故知)가 여기에서 떨어지는 것이 범본과 한문에서도 일치한다. 즉 번역하면 아래와 같다.

'능히 일체 고액을 없앰을 알라.'

그러나 불광에서는 '고지(故知)'를 한 단락 앞에서 떨어뜨렸다.

즉 우리말로 풀어보면 '등에 등 없는 주임을 알라. 능히 일체 고액을 없애고……' 이다.

비록 내용은 짤막하지만 뜻은 매우 중요하고 견해에 따라서 시비의 대상이 될 수도 있다는 염려로 미리 여기에 밝혀둔다. 스님의 부탁이기도 하다.

노랫말 고친 사연

기록 노트를 찾아보니까 '1989년 8월 27일 오후 3시 법주 스님 방'이라고 적혀 있다. 아마도 점심 공양을 마치고 난 뒤 스님이 쉬는 시간에 한 이야기 같다.

"불교 노래 가운데 몇 곡의 가사를 내가 고친 것도 있고 덧붙인 것도 있다. 만약에 훗날 노랫말을 두고 누가 묻거든 꼭 사유를 설명하라.

· 대비관세음
· 보디스바하
· 저녁 노을
· 보현행원

이 가운데 보현행원은 운문 스님의 작사인데 행원의 뜻을 더 강조하고자 개작도 하고 덧붙이기도 했다.

· 빛으로 돌아오소서 : 이 곡은 원래 서창업 선생의 작품인데 1절은 그대로 두고 2절은 개작을 했고 3절은 온전히 내가 새로 지어 넣었다.

· 결혼 축가 : 이 곡은 서창업 선생의 후배 작품인데 1절은 그대로, 2절은 반 정도 개작을 했고 3절은 내가 새로 만들어 넣었다. 물론 내가 일일이 전화해서 당사자들에게 양해 받은 뒤에 손질한 것이다."

스님이 예절을 너무나 깍듯하게 차리다 보니 어떤 때는 지나치다는 평을 하는 사람들도 더러 있었다.

현대 불교음악의 진흥에 뜻을 두고 있던 스님의 입장으로서는 기존에 있던 불교음악 가사 중에서 부족하고 아쉬웠던 부분도 많이 있었을 것이다.

스님은 먼저 원작자에게 전화를 걸어 스님의 뜻을 조심스럽게 전하고 몇 구절 고쳐도 되겠느냐는 양해를 얻어서 고친 곡목들을 나에게 일러주었던 것이다.

음악을 통한 새로운 불교운동은 이미 용성 스님으로부터 소천 선사로 이어져 오던 문중의 불사였다.

실제로 많은 대중을 거느리고 휴일마다 법회를 하고, 법회 가운데서 노래를 많이 부르도록 하여 한층 현대화, 생활화시킨 분이 스님이다.

사경(寫經) 의식

죽림 정웅표 불자가 있다.

어린 시절 할아버지로부터 배운 한문과 붓글씨 수련으로 평생을 살아온 인물이다. 어쩌면 다른 분야에 대해서는 거의 바보에 가까울 정도로 자기 일에만 몰두해온 외곬 인생이다.

죽림은 총각 시절부터 불교를 만나서 열심히 수행도 했고, 불교를 통해 가일층 서예 정진에 박차를 가하기도 했다.

내가 처음 그를 만났을 때 어찌나 순수하던지 이십 년이 지난 지금도 첫 만남의 기억이 생생하다. 나는 속으로 이렇게 좋은 사람과 함께 할 만한 일이 없을까 생각하다가 문득 사경 수행을 떠올렸다.

불교에서 사경 수행은 예로부터 전해져 오는 전통 수행법 중의 하나이기에 더더욱 적합하다는 생각이 들어서 바로 스님에게 청을 드렸다. 무슨 일을 떠올려서 좋다 싶으면 서두르는 버릇이 내게 있다. 그런 내가 약간 들떠서 서둘러대는 것을 스님은 잔잔히 건너다보면서 말씀했다.

"내가 몇해 전에 동국대에 계시는 운학 스님과 함께 옛날 사경의식 작법을 복원하여 재현한 적이 있어. KBS의 요청으로 시작된 일이었는데 우선 옛 문헌을 찾고 여러 가지 자료를 모아서 최종적으로 동국대 정각원에서 사경 의식을 재현했지. 아마 오늘의 송암을 위해서 내가 그때 준비했던가 봐."

좋아서 싱글벙글하는 상좌를 바라보는 스님의 표정도 밝았다.

그로부터 며칠이 지난 뒤 스님의 문장으로 아주 멋진 사경의식 작법을 완성해 내 손에 쥐어 주었다. 의식으로서 장엄함과 엄숙함이 고루 갖추어져 있으면서도 순 한글로 된 신선함이 물씬 풍겼다.

나는 곧 법진(죽림 정웅표의 법명) 거사를 만나서 바로 사경반을 만들기로 약조하고 작업에 착수했다.

벼루와 먹을 대량으로 준비하여 사경 교실로 쓸 대원당 캐비닛 속에 보관하였다.

처음 사경반 모집 광고가 나가자 지원자가 너무 많이 몰려서 할 수 없이 일주일에 두 번 하기로 했다.

그리고 매월 마지막 주에는 부처님께 과일공양을 올리고 여법하게 사경의식을 봉행했다. 그렇게 시작된 사경이 지금까지도 이어지고 있고, 이곳 도피안사에서도 신도들의 저녁 일과 수행으로 사경을 하고 있다.

이제 스님이 교화의 몸을 거두었다. 돌이켜 보면 아쉬움도 많다. 스님 건강할 때 내가 좀더 의욕을 앞세웠더라면 더 훌륭한 법들이 스님 손에 의해서 훤칠하게 만들어졌을 텐데 말이다.

그 뒤로도 내가 스스로 필요한 의식을 한 번 만들어 보려고 하면 아무래도 스님 솜씨에 미치지 못하여 그만 포기하고 만 적이 여러 번 있다. 불교의 모든 의식 작법에 있어서 스님은 내가 넘보지 못하는 산이다.

(사경의식작법은 불광향풍 3, 216쪽에 자세히 실려 있다.)

급하게 하지 말고 점진적으로

어느 날 스님 방에서 스님을 중심으로 소임자들과 회의가 있었다.
스님이 관여하고 있는 종단 교육기관의 이사직을 떠나는 문제로 의견을 주고받았다. 스님의 건강이 좋지 않은데 여러 가지 직책을 갖게 되면 더욱 악화되니 바로 사임해야 된다는 의견도 있고, 현재 분위기로 보아 사임이 받아질 것 같지 않으니 그냥 좀더 기다려 보자는 의견도 있었다. 역시 결정은 스님의 몫이었지만 스님은 주변의 얘기를 경청했다.
그때 나도 한마디 했다.
'사회가 안정될수록 과격한 변화를 거치지 않고 성숙해 간다'는 사회성숙론 얘기부터 시작했다.
"책임이라는 것은 그 직을 면하기만 하면 없어지는 것이 아니라 훨씬 멀리까지도 미치게 됩니다. 물려주고 싶어도 받을 사람이 없거나 받을 준비가 되지 않았는데도 나 몰라라 하고 물러서기만 하면 나중에 행여 일을 그르치게 되었을 때 도의적인 책임을 어떻게 감당하십니까?"

그러자 스님도 내 말에 화답했다.

"종교 단체나 교육 단체의 일은 점진적으로 변화하고 발전해야 순조롭다. 또 그러는 것이 세상에 모범이 된다."

평소에 아무리 큰 이익이 눈앞에 있고 수월하게 갈 수 있는 길이 있어도 출가 사문으로서 부처님이 설정한 계율의 원칙과 대의 명분에 맞지 않으면 스님은 과감히 물리쳤다.

그렇기 때문에 간혹 다른 사람들은 스님을 명분에 약하다고 했고, 대의 명분을 찾느라 머리를 쓴다고 비난하기도 했다.

세상의 도덕군자나 선비들도 길이 아니면 가지를 않았고, 목전의 이익이 아무리 커도 바르지 않으면 움직이지 않았다. 하물며 출가 수행자가 자기 자신의 기준 없는 기분에 따라 행동할 수야 없지 않은가.

스님의 점진적 이양은 교육기관뿐만 아니라 불광사 일에서도 마찬가지였다. 불광 후계자를 찾는 데도 스님 곁에 있으면서 그 동안 이룩해온 불광의 기준과 틀을 이해하고 계승할 수 있는 능력과 의지를 우선했던 것을 보면 스님의 점진적 이양에 대한 뜻을 읽을 수 있다.

뛰어난 혈통이야

내가 경기도 광주군 오포면에 있는 극락사에 머물고 있을 때였다.

돌아보면, 그때 나는 기도를 꽤나 열심히 하면서 해인사 백련암 성철 큰스님의 돈황본 『단경』을 계속해서 읽고 있었다. 기도하는 시간 외에는 반복해서 돈황본 『단경』을 손에 들고 있었던 것이다. 그때 기도 후반부쯤 해서 『단경』에 대한 특별한 이해의 기연이 드디어 찾아왔다. 나름대로 큰 기쁨이 있었고 이루 말로 다 표현할 수 없는 체험이 있었다.

또 어느 날 점심공양이 끝나고 역시 서안(書案) 앞에 앉아서 『단경』을 읽어가고 있는데 문득 한 순간 반야바라밀에 대한 모든 의심이 깡그리 사라져 버렸다. 나는 그 이후로 백련암 대존숙(大尊宿)에 대해서는 특별한 존경과 감사를 가지고 살았다.

그 뒤 도피안사에 덕산 박병주 불자의 주도적인 시주와 여러 불자의 흔쾌한 동참으로 아라한전(聖殿)을 완공하고 조사전 건립에 착수했다.

　동국대 김영태 선생님의 조언을 받아서 선불교뿐만 아니라 불교 전반에 걸쳐서 뛰어난 선지식의 화상(眞影)을 그려 모시기로 했다. 불모(佛母)는 아라한전 탱화처럼 소전 최흥원 화백이 맡았고, 유화로 제작하기로 했다.
　앞으로 불교 사상운동을 계승하려면 근세의 선지식을 더 적극적으로 의지해야 된다는 생각으로 다섯 분 정도를 생각하고 산너머 불광원에 머물고 있는 스님을 찾아뵈었다.
　"용성, 동산, 소천, 성철 스님을 모시려고 합니다."
　"뛰어난 혈통이야. 자랑스러운 법통이지."
　그날따라 스님은 몸 상태가 매우 편치 않은 기색으로 누워 있었다. 그런데도 그 목소리가 무척이나 힘있고 근엄했다. 뭔가 밑바닥에 두텁게 깔려 있는 스님만의 자부심이 느껴졌다. 물론 스님을 포함해 다섯 분을 모실 계획이었지만 그 얘기는 꺼내지 않았다.
　나는 며칠 동안 스님 말씀이 귀에 남아서 혼자서 생각을 많이 했고, 나도 그분들의 자랑스러운 후예가 되어야 할 텐데 하는, 법의 상속자로서의 책임감도 느꼈다.
　그러나 지금 와서 다시 생각해 보니 "누구누구 모실까요?" 하고 스님께 묻지 않고 "이렇게 모시겠습니다" 하고 내 주장을 말씀드렸던 덜 익은 태도가 몹시 후회스럽다. 비록 결론은 같았을지라도 전적으로 스님께 맡겨 드렸으면 더 좋았을 텐데 말이다.
　그러나 그날의 스님 말씀과 표정을 다시 돌이켜 생각해 보면 내가 크게 어긋나지는 않았구나 하는 위안이 느껴진다.

횃불을 들라

청 소 년

불광 유치원 첫 입학식 때 스님이 설립자 인사 말씀을 했다.
그런데 보광당에 모여 앉은 2백여 명의 어린이에게 한 말씀은 어린이용 법문이 아니라
어른들에게 하는 심지 법문 그대로였다.
그러니 예닐곱 살 난 어린이들이 스님의 법문을 알아들을 리가 없었다.
여기저기서 울고 뛰고 소리지르고 혼잡하기가 이루 말할 수 없었다.
나중에 식이 끝나고 스님에게 여쭈었다.
"왜 어린이들에게 어려운 법문을 하셨습니까?"
"아니 이 사람아, 아이들이 영원히 아이들이야?"

스님의 자[尺]

　스님은 수행자로서 자[尺]를 갖고 있었다. 무슨 일을 하든지 그 자를 들고 먼저 재보고 난 뒤, 할 것인가 말 것인가를 결정했다. 부처님 일을 하더라도 옛 스님들의 가풍과 규범을 따랐고, 시절이 바뀌어 율장에 없는 새로운 일들이 나타나면 한동안 곰곰 생각했다. 스님이 수행자로서의 자를 새로운 일에 들이대고 있는 것이다.
　그러한 스님을 보고 혹자는 광덕 스님은 원칙과 명분에 약하다고 말하기도 했다. 불광사를 지을 때 스님의 불사 원칙은 빚을 얻지 않는다는 것이었다. 빚을 얻게 되면 신도에게 부담이 되고, 아울러 여러 부작용이 생기게 되는데, 그것은 출가 수행자가 취할 태도가 아니라고 생각했기 때문이었다. 설령 집의 규모를 줄이거나 2차 공사로 미루어 경제적 뒷받침이 되었을 때 다시 시작하더라도 무리하면 안 된다는 것이 스님의 불사방침이었다. 아무리 좋은 일이고 필요한 불사라고 해도 무리수를 쓰게 되면 스님 자신은 말할 것도 없지만 결국에는 여러 사람에게 고통을 주게 된다는 확고한 방침 덕분에 빚 없이 불광사 건축 불사가 끝나게 되었다.

그즈음 평소에 스님을 존경하고 뜻을 따르던 부산 단월의 보시로 유치원 지을 땅은 이미 구입했는데, 건축 비용이 없어서 공사를 못하고 있었다. 그 직전에 나의 전임자는 공부하러 멀리 해외로 갔기 때문에 내가 스님 곁에서 여러 가지 심부름을 하고 있었다. 그때 내 생각으로는 불광사 건축 불사가 끝난 지 얼마 되지도 않은 때에 다시 유치원 건립을 시작한다면 신도들이 힘들어 할 뿐만 아니라 성사되기도 어렵다고 판단했다.

뭔가 비상한 방법을 쓰지 않으면 안 될 것 같은 생각이 자꾸만 들었다. 그때 내가 생각해 낸 비상한 방법이 당시 성행했던 선서화 전시회였다. 그런데 스님의 성향으로 봐서 내가 선서화 전시회를 하자고 청을 드리면 안 된다고 불허할 것이 불을 보듯 뻔했다.

그러나 일단 말씀은 올려야 될 일이어서 여러 가지 상황 설명을 하고 난 뒤 선서화 전시회를 열어야 하는 까닭을 자세히 여쭈었다. 역시 스님의 대답은 예상한 대로였다.

"안 된다. 좀 기다렸다가 때가 되면 하자."

그 후로도 몇 번의 간청을 했고 그때마다 안 된다는 짤막한 대답만 반복되었다.

그때가 1986년이었으니 당시의 나는 지금보다 더더욱 세상 물정이나 부처님 법에 어둡기만 했던 때이고, 철없이 설치면서 젊음의 만용을 부릴 때였다.

나는 스님이 허락하지 않을수록 무슨 오기를 가진 사람처럼 어떻게든지 선서화 전시회를 해야지 하는 결심을 속으로 굳혀갔다.

마침내 어느 신도에게 그때 돈 오백만 원을 빌려서 전시회 벌일 준비에 들어갔다. 물론 스님 모르게 저지른 일이었다.

나는 빌린 돈을 손에 쥐고 우선 인사동으로 달려갔다. 화선지도 사고, 그때 어느 스님이 특별히 만들었다는 닥나무 화선지도 넉넉히 샀다. 그 길로 미리 준비한 것을 차에 싣고 신들린 사람처럼 전국을 누비면서 글씨 잘 쓰는 스님들과 그림 그리는 스님들을 방문하여 청을 했다. 당시에 조금이라도 서화에 소문이 난 스님들에게는 거의 빠짐없이 찾아가서 부탁을 했다.

그때 나는 스님의 힘을 새삼 크게 느꼈다. 나야 아는 스님들이 거의 없었지만 스님의 존함을 말씀드리면 조금도 귀찮아하거나 힘들어하지 않고 오히려 기쁘게 필요한 만큼, 아니 내가 주문하는 만큼 모두 그리거나 써 주었다. 심지어는 수고한다고 차비까지 손에 쥐어 주는 분들도 있었다.

나는 신명이 났다. 스님 몰래 저지르고 다니는 일이긴 해도 제방의 대덕들께서 적극적으로 협조해 주니 모든 것이 잘 되리라는 신념이 생겼고, 나의 뜻이 걸리지 않고 오히려 격려를 받으니 나중에 삼수갑산을 가더라도 그 당시는 춤추듯이 다닐 만도 했다. 그것도 모자라 나중에는 재가불자나 저명한 작가들에게도 도움을 청하게 되었다.

여기에서 일일이 고마운 그분들을 다 거명하거나 그때의 일을 자세히 거론할 수는 없어도 많은 분들이 아낌없이 작품을 꺼내 주신 것만은 엄연한 사실이었다.

(그리고 그 힘으로 불광유치원이 빚 한푼 없이 건립되었던 것도 부인

할 수 없는 엄연한 사실이었고 말이다.)

전시 공간으로는 꽤나 넓은 디자인 포장센터 두 개 층을 계약하고, 전시 팜플렛을 만들 때가 되어서야 나는 비장한 각오와 결심을 하고 돌처럼 굳은 얼굴로 스님 앞에 무릎을 꿇었다. 그 동안 벌어졌던 일의 자초지종을 덜덜 떨면서 아뢰고, 두 손으로 방바닥을 짚고, 무릎 꿇어 머리 숙인 채 스님의 처분만 기다렸다. 그날은 끝내 아무런 말씀이 없었다.

무지하면 용감하다고 했던가. 그 말과 같은 실제 인물을 눈앞에 대하는 스님의 심정이 과연 어떠했을까.

지금 생각하면 안쓰럽고 너무나 큰 고통을 안겨드렸다는 자책과 후회도 든다.

마침내 전시회 개막일, 스님은 무지한 상좌가 저질러 놓은 뜻밖의 사건 현장에 조용히 임했다.

상좌의 허물은 스님 자신의 허물이라는 대비의 뜻으로 나는 새겼다. 출가자의 불사는 기도로 이루어야 한다는 만고불변의 교훈을 어기고 엉뚱한 일을 벌여 놓은 못난 상좌 곁에 학처럼 고고한 자태를 임해 주었다. 평생 지니고 다닌 당신의 잣대를 잠시 내려놓은 채 모든 것을 감수하려는 모습이었다.

아이들이 어디 영원히 아이들인가

불광사 신도 중에 자은만 불자가 있었다. 그분은 원래 유아교육을 전공해 불광법회가 잠실로 오고 난 뒤 기회 있을 때마다 불광유치원 건립을 요청했고, 스님도 유치원 건립의 필요성을 충분히 인지하고 곧 건립 계획을 세웠다.

당시는 불광사 건립 불사가 끝난 직후라 새로운 시주가 어려운 분위기였다.

유치원 건립에 대해 여러 가지 방안을 검토하다가 마침내 선서화전을 열었고, 그 덕분으로 유치원을 완공하여 5학급 정원의 불광유치원을 개원했다.

첫 입학식 때 스님이 설립자 인사말씀을 할 때 보광당에 모여 앉은 2백여 명의 어린이들에게 한 말씀은 어린이용 법문이 아니라 어른들에게 하는 심지법문(心地法問) 그대로였다.

그러니 예닐곱 살 난 어린이들이 스님의 법문을 알아들을 리가 없다. 여기저기서 울고 뛰고 소리지르고 혼잡하기가 이루 말할 수 없었다. 상좌나 교사들은 모두 애가 타서 가슴을 졸였다. 그런데도 스님은 태연히 심지법문을 계속하는 것이었다.

나중에 식이 끝나고 스님에게 여쭈었다.

"왜 어린이들에게 어려운 법문을 하셨습니까? 누가 그렇게 어려운 말을 알아듣는다구요?"

"아니 이 사람아, 아이들이 영원히 아이들이야?"

한 방 또 세게 얻어맞고 말았다. 아이를 아이로 보지 않고 불성으로 대하는 스님의 신앙관을 충격으로 느꼈다.

그때 무슨 말을 한들 어린이들이 알아들을까. 그러나 스님의 그 진지한 모습과 열성적인 태도에서 느끼는 영혼의 의지만은 아이들에게 오랫동안 남을 것이다. 어차피 아무리 쉬운 법문을 해도 아이들이 기억해 주지는 않기 때문이다.

평소의 스님 설법을 대부분의 사람들이 어려워했다. 그런 주변의 여론을 모아서 스님에게 말씀드리면 잠잠히 웃기만 했다. 스님의 그 높은 뜻이 어린이 법문에서 비로소 밝혀진 것이다.

스님은 방편을 쓴다는 까닭으로 대중을 낮춰 보지 않았고, 오직 부처님들에게는 부처님 얘기만 했던 것이다. 단지 전달되어 느끼고 깨닫는 시간의 차이만 각기 달랐을 뿐이다.

희귀한 공로패

나는 스님으로부터 희귀한 공로패를 받았다.

제자가 스승으로부터 공로패를 받는다고 하면 우선 의아해할 것이다. 아버지가 아들에게 공로패를 준다고 하면 역시 의아해할 것이다. 왜냐하면 제자나 스승, 아버지나 아들은 한 가정의 가족 구성원이기 때문이다.

다른 곳에서도 이미 말했지만 스님은 처음 불광법회를 창립하여 줄곧 종로 봉익동에 있는 대각사 법당을 빌려 법회를 꾸려 갔다.

점점 법회 가족이 늘어가니까 여러 가지 불편도 생기고 아쉬움도 갈수록 커져서 마침내 절을 짓기로 전 불광 가족이 결심을 했다. 그야말로 불광 가족이 총출동하여 건축 비용 전액을 시주로 충당했다.

그러다 보니 젊은 청년들과 대학생들은 종로 3가에 있는 다방이나 술집까지 돌면서 밀감을 팔기도 하고, 입에 침이 마르도록 설득하여 어렵게 시주를 받기도 했다.

지금은 다 잊혀진 일이 되고 말았지만 그 당시 스님을 모시고 수행하며 절을 지은 신도들의 신심은 불길 같았다. 모두가 다 절을 짓는다는 사명감에 온몸을 던졌다.

그래서 잠실 석촌동에 땅을 사고 건축을 했다. 신도들 고생을 늘 마음 아파하던 스님은 가능한 한 절 규모를 줄이고 비용을 줄였다. 알뜰살뜰 모았던 시주금으로 절을 다 짓고 나자 돈 한 푼 남지 않는 꼭 맞는 불사가 되었다.

그때 내가 등장하여 법회 일을 시작하게 되었고, 그 첫 사업이 유치원 건립이었다.

전시회를 열어서 빚 한 푼 없이 유치원을 완공하고 그 다음해 바로 어린이 2백 명을 입학시켰다.

고사리 손을 대하는 스님의 기쁨이 얼마나 컸던지 스님은 깜짝 놀랄 일을 벌였다.

"내가 이번에 지원에게 공로패를 주기로 했지. 지원은 물론 받지 않겠다고 하겠지만 내가 주고 싶은 것이야. 처음 내 뜻을 거슬려가며 전시회를 한다고 했을 때는 괘씸한 생각도 들었지. 그렇지만 이제 돌이켜 보니 지원이 같은 특단의 방법이 아니었다면 유치원은 언제 지었을지 몰라. 그런 줄 알아!"

스님은 이런 말씀으로 어색하고 부끄러워하는 나를 달래 주었다. 보광당 가득한 신도들의 박수 속에서 나는 스님으로부터 공로패를 받아 들었다. 지금도 가끔 그 공로패를 만져 보며 패 속에 담긴 스님의 말씀을 다시 읽곤 한다.

횃불을 들라

　나는 안성 도피안사에서 기도를 하면서 가끔 불광사로 스님을 찾아뵙곤 했다. 그런데 그때그때 상태에 따라 스님의 표정이 달랐다. 고통이 심할 때면 보기가 안타까울 정도로 힘들어했고, 나 역시 가슴 아프기 그지없었다. 그런 가운데서도 인사를 드리고 곁에 앉으면 다정하게 손짓하여 좀더 가까이 오도록 불러 주기도 하고, 미소로 화답하여 반가움을 표시해 주기도 했다.
　나는 한동안 앉아 있다가 불법에 대해 궁금한 내용을 질문하거나, 공부에 대한 의문점, 절을 운영해 가는 데 있어서 옛 스님들의 전거와 고사를 묻곤 했다. 그러면 스님은 전혀 아프지 않은 사람처럼 기색이 좋아지고 목소리가 커진다. 특히 스님이 내세운 여러 가지 포교 방법에 대한 질문에는 더욱 적극적으로 응답하고 근거와 거기에 담겨진 속뜻까지도 자세히 설명해 주셨다. 나는 그때마다 스님에 대한 최고의 문안은 스님의 뜻을 따르고 받들어 가는 일이 아닐까 하고 생각했다.

어느 날 스님을 뵈었더니 '너 왔느냐' 하는 눈빛으로만 반기고는 그냥 누워 있었다. 몸이 몹시 불편한 듯했다. 절하고 곁에 앉아 있자니 서먹해서 나는 스님에게 기도 얘기를 하면서 청소년 운동에 대한 각오를 말씀드렸다.

"스님께서는 주로 성인을 대상으로 반야바라밀을 설하셨는데 저는 이제부터 청소년을 대상으로 하는 반야바라밀 운동을 펼쳐보고 싶습니다. 특별히 시설도 마련하고 프로그램도 개발하여 항구적으로 실천해 간다면 반드시 이루어질 것입니다."

그러자 스님의 입가에 어느 사이 미소가 피어올랐다. 누운 채 내 손을 다시 꼭 잡으면서 힘들게 입을 열었다.

"송암이 늘 내게 얘기했던 반야바라밀 결사운동을 하겠다는 말이군. 그래 좋지, 해야 하고 말고. 뜻을 가지고 묵묵히 실행하면 제불의 미묘한 가호와 인도가 있고 뜻을 같이하는 동지들이 하나둘씩 모여들게 되지. 다만 분명히 해야 할 일은 뜻이 클수록 마음도 진실해야 하고 행동도 발라야 돼."

알 수 없는 일이었다. 그토록 몸이 불편하면서도 법을 구하는 일이나 포교 얘기가 나오면 어디서 그런 힘이 솟는지 쉬지 않고 설명을 해주었다. 나로서야 자발적으로 질문한 것이었지만 스님이 내 뜻과 같음을 역설하고 인정해 주니 몹시 기분이 좋았다.

"스님께서 평소 강조하신 대로 인생의 가장 중요한 시기는 청소년기와 유아기로 생각합니다. 그때를 놓치지 않고 바른 생각을 심어주고 진리를 알려주면 모두가 다 보살이 되리라 믿습니다. 불국토 성취의 첫 출발을 그들에게 두렵니다."

"매우 타당한 일이야. 내 뜻을 그대가 이루어 주면 좋겠어. 그 길만이 오는 세기의 인류를 구제할 수 있어! 이것 봐! 말했지만 뜻이 클수록 기도도 커야 해. 항상 기도하면서 일해야 됨을 잊지 않기를 바래."

내가 스님께 제안한 일이긴 했어도 불교 청소년 운동은 나와 스님의 약속이 되었다.

횃불 정진대회

  나선 길에 서울까지 다녀와야겠다는 세간의 말처럼 이왕 청소년 얘기가 나왔으니 한 가지 더 보태야 할 일이 있다.
  1982년 불광사가 창건된 이래로 줄곧 나는 불광사에서 살기 시작했고 그때 처음 한 일이 중학생 법회(목련법등) 개설이었다. 이어서 나는 고등학생 법회(싣달법등)까지 바로 담당하게 되었다.
  전생에 무슨 특별한 인연이 있는지 그때부터 신라시대 불교 청소년 운동이었던 화랑에 남다른 관심을 가지게 되었다. 비록 신라 화랑운동으로부터는 많은 세월이 흘러간 뒤였지만 대한민국 시대에도 화랑운동 같은 청소년 단체를 만들고 싶었다.
  그 당시 여의도에 한국청소년연맹 본부가 있었다. 일부러 찾아가서 자료도 열람해 보고 얻어 오기도 했다. 그걸로 만족이 되지 않아 보이스카웃 본부까지 갔지만 내가 만족할 자료는 거기에도 없었다. 두 곳 다 청소년 수련에 대한 방법은 많았지만 그 밑바닥에 흐르고 있는 사상이 약해 보이거나 거의 없다는 생각이 들었다.

할 수 없이 나 스스로 청소년 운동에 대한 사상의 토대를 마련해야겠다는 생각을 굳히고 우선 방학을 이용해서 중·고등생들과 명산대찰로 수련회를 떠났다. 실지로 아이들과 부딪쳐 가면서 방안을 마련하면서 부족한 부분이 발견되면 보충해 가기로 했다.

그때 스님께서 나의 취지를 듣고 청소년 운동과 수련에 대한 이름을 붙여 주었다. 바로 '횃불 정진대회'였다.

"불교가 인도에서 일어나 세계 각 지역으로 퍼져 갔지. 그런데 불교를 받아들이는 자세는 나라마다 각기 달랐고 독특했어. 그 중에 불교를 청소년 교육에 활용한 곳은 일찍이 신라밖에 없어. 잘 알다시피 그것이 화랑운동이고 그 바탕은 불교 정신이야. 이제 대한민국 시대에 다시 불교를 바탕으로 제2의 화랑운동을 송암이 시작한다니 매우 의미심장한 일이군 그래."

이런 말씀을 하고 격려와 칭찬으로 나의 용기와 자신감을 한층 북돋워 주었다. 스님의 못 다한 꿈 가운데 하나가 청소년을 통한 반야바라밀 운동이었다. 이제 내가 자청하여 스님으로부터 상속받았기에 전적으로 나의 책임이 되었다.

북 치고 장구치는 제등행렬

　스님의 본래 성품은 밝고 적극적이며 명랑했다. 아랫사람들이 설령 일을 좀 잘못해도 무엇인가 적극적으로 일하려고 하는 사람에게는 늘 격려와 칭찬을 아끼지 않고 용기와 자신감을 북돋웠다. 이러한 스님의 성품을 한 눈에 볼 수 있는 것은 매주 열리는 불광 정기법회에 참석해 보면 누구나 단번에 알 수 있다.

　불광의 매주 정기법회 때는 다함께 모여 힘차게 염불하고 기도하며 때로는 독경하고 노래 부른다. 처음 온 어떤 법우는 그러한 불광 법회의 분위기를 보고 평하기를 '윤택하고 풍성하다'고 했다. 법사 혼자 모든 의식을 진행해 가는 것이 아니라 또는 특정인들만 솜씨 있게 주고받는 것이 아니라 동참 대중 모두가 함께 하는 장엄한 분위기였다. 이 분위기는 바로 스님의 뜻과 성품을 대변해 준다고 해도 지나친 말이 아니다.

　불광에서는 매년 서울 여의도 광장에서 열리는 초파일 봉축 제등행렬에 빠짐없이 참가했다. 그 제등행렬에서도 모두가 힘차게 염불하거나 합창단이 선도하여 노래를 부르며 목적지까지 도착했다. 침묵의 행렬은 죽음의 행렬과 같다고 하여 스님은 그런 제등행렬을 한사코 싫어하고 거부했다. 제등행렬에서도 불자들의 원기 왕성하고 활발발한 모습을 여지없이 드러내기를 스님은 바랐다.

그때 학생회를 총괄하여 담당하고 있던 내가 1983년부터 초파일 제등행렬에 농악을 도입했다. 고등학생들에게는 농악기를 연주하게 했고 중학생들에게는 소고를 들고 농악가락에 맞추어 춤을 추게 했다. 아마 그때 제등행렬에 참가한 단체로는 우리 불광이 처음 농악을 준비했고, 그 두 해 뒤에 가서야 몇몇 단체에서 농악을 들고 나왔다.

제등행렬이 끝날 때쯤이면 모두가 피곤해 했지만 어린 학생들이 신명나게 농악을 풀어내고 춤사위를 펼쳐내니 피곤은 어디로 가고 마냥 즐겁기만 했다. 이런 장면을 법우들뿐만 아니라 스님께서도 무척 흐뭇해하면서 좋아했다. 역시 불광의 활기찬 모습은 스님의 성향에 따라서 이루어진 것이 많았다. 활발한 스님의 성품, 그것은 인간 본연의 모습이기도 하고 개발해야 될 모든 인류의 본성이 아닐까 생각해 본다.

스님이 상좌를 귀빈 대접한 사연

남의 스승이 되어서 제자들을 가르칠 때는 칭찬도 있고 꾸지람도 있을 것이다. 그러나 어쩌면 칭찬보다는 꾸지람이 더 많을지도 모르겠다. 특히 수도하는 사람에게는 일반인들보다 더 엄격한 것을 요구하고 있으니 특성상 꾸지람이 많은 곳일 수도 있으리라 본다.

이제 다시 지난 날 스님 회하에서 지낼 때를 돌이켜 보면 우리 스님은 일반적인 경우하고는 달랐다.

나이 많은 상좌든 어린 상좌든 스님 방에 들어갔다 나오는 얼굴은 미소가 서렸다. 무슨 재미난 얘기를 많이 했을까 의아한 생각이 들 정도로 표정이 사뭇 밝았다. 아무리 상좌라고 해도 인격이 있고 또 불성의 주인공인데 스님의 기분따라 상좌를 달리 대하지 않았다.

가능한 한 허물은 스스로 깨달아 고치도록 믿어 주었고 기다려 주었다. 잘하는 일은 더욱 잘할 수 있도록 격려와 칭찬을 하고 용기와 분발을 북돋워 주었다.

물론 예외일 경우도 가끔 있지만 평상시에는 상좌를 잘못했다고 몰아붙여서 쩔쩔매게 하거나 스님과 상좌 둘만이 있는 곳이라도 기가 꺾일 말은 하지 않았다.

매우 온당하고 깊이 있는 훈도를 스님 상좌들은 받았다. 절제된 스님의 감정은 어느 때나 평화스러웠고 온유했다. 스님이 자비로 상좌나 후학, 신도를 깨우쳐 나간 것은 부처님께서 하신 방식 그대로였다.

언젠가 이런 일이 있었다.

어느 날 오전, 무슨 잘 되어 가는 일이 있어서 나도 모르게 신이 나서 어느 신도와 이야기하면서 들뜬 기분에 큰 소리로 반말을 쓰게 되었다. 나중에 알고 보니 스님 방에서 얼마 떨어져 있지 않은 까닭에 대화 내용을 스님이 모두 들었던 모양이었다.

그날 오후 스님에게 갔더니만 스님은 나를 귀빈 대하듯 했다. 아무래도 평소와 무척 다른 것을 느끼고 나는 무척 당황했다. 스님이 갑자기 정중하게 나오는 것은 다 그만한 까닭이 있다는 뜻이었다. 다른 사람으로 치면 그것은 나를 몹시 야단치고 있다는 의미였다. 그래서 나는 제 발 저린 도둑이 되어 아침나절 소행을 얼른 깨우쳤다. 그리고 그 자리에서 스님에게 참회 말씀을 올렸다.

"수행자의 위의와 거동은 언제나 안정되어 있어야 한다. 일심을 닦는 사람의 태도는 인간의 희로애락에 냉혹하리만큼 침착해야 한다."

부족한 상좌지만 그렇게도 귀하게 훈도했다. 스스로 깨달음을 통해 성장하기를 바랐던 스승답게 결국 스님은 한마디 야단을 치지 않고도 나는 제풀에 무릎을 꿇고 말았다.

　점잖고 의젓하게 상좌를 길러야 한다는 생각을 늘 갖고 있던 스님이 신도 앞에서 경망함을 보이는 상좌가 무척 염려스러웠던 것이다.

보현행자의 서원

불광회는 종로 봉익동에 있는 대각사에서 태동했다. 대각사는 대각 운동을 주창했던 용성 조사가 창건한 절이다.

용성 조사는 국권을 강탈당했던 망국의 시대에 불교 운동을 통해서 자주 독립을 이룩하고자 원을 세웠다. 그러던 중 3.1운동의 33인으로서 옥고를 치르기도 했다. 옥중에서도 경전을 번역하고 노래 가사를 지어서 새로운 포교 운동에 앞장섰다.

그 문손(門孫) 되는 우리 스님이 대를 이어서 같은 불사를 일으켰다는 것을 생각해 보면 불조의 지극한 가호와 혜명이 있었던 듯하다.

불광회의 발전은 대각사 시대와 불광사 시대로 나뉜다.

초창기 대각사 시절부터 매주 목요일 저녁 7시에 모이는 법회 때마다 스님은 행원 불교를 적극 주장하였다.

그때 『보현행원품』 강의를 끝내고 스님 스스로 다짐의 의미로 쓴 내용이 보현행자의 서원이다.

어느 날, 행원품 내용을 떠올리면서 간절한 기도의 심정으로 쓰기 시작했는데 단숨에 그 내용을 다 썼다고 고백했다.

"내가 쓴 이 글을 의식집 속에 넣어도 괜찮을지 모르겠구나. 그리고 서문이 처음부터 끝까지 문맥과 의미가 중복되지 않으면서도 서로 상통하는지도 판단이 서지 않는구나."

이런 스님의 말씀을 상기해 보면 옛 스님들의 훌륭한 말씀 속에 스님 자신의 글이 포함되는 것을 송구스럽게 생각해서 되물은 것이었다.

"스님 법문을 듣고 수행하는 불광법회 형제들을 위한 의식집이니까 오히려 수행에 일관성이 있고 친근감이 있습니다. 설령 옛 문헌이 아니라 해도 큰 허물이 되지는 않을 것입니다."

보현행자의 서원은 다짐과 기원의 형식을 띤 내용이기 때문에 읽노라면 저절로 신심이 일어난다.

그래서 매번 법회 때마다 동참 대중 모두가 소리를 내어서 함께 읽고 있다. 사실 재가불자들은 생활에 쫓기다 보면 하루에 경 한 줄 읽기 어려운데 법회 때라도 함께 독송한다면 마음을 밝히는 수행이 되지 않을까 스님은 늘 이렇게 생각했다.

목탁 치는 법을 가르쳐라

　스님은 잠실에 불광사를 건립한 이후 더욱 본격적인 포교 활동에 들어갔다. 우선 신도들이 자발적으로 수행할 수 있도록 수행 교본을 만들어 배포했다. 그런 다음, 과거 전통적으로 내려오는 불교 의식을 현대인에게 맞게끔 정리하여 재편했다. 그 가운데서 『법회요전』의 편역은 가장 두드러진 불사였다. 스님 스스로도 걸작이라고 자평하면서 흐뭇해하는 걸 몇 차례나 목격했다.
　『법회요전』의 머리말에는 이 같은 스님의 의식관이 잘 나타나 있다.
　"의식은 보살이 자신을 키우며 겨레와 이웃과 함께 살아가는 창조 격식이라 생각합니다. 보살은 의식을 통하여 제불보살의 서원력을 오늘의 역사 현장에 실현시키고 스스로의 보살 공업(共業)을 성장시키기 때문입니다. 그러므로 의식은 누구나 친근하고 깊은 진실을 담을 수 있어야 할 것입니다."

나는 불광법회 초대 교육 담당자로서 스님 뜻을 받들었다. 그때 신도들에게 집에서도 기도할 수 있고, 법등 가족모임(소규모 법회)을 자체적으로 진행하기 위해서는 신도교육 과정에 습의(習儀) 과목을 넣어서 불교 예절과 목탁 치는 법을 가르쳐야 한다고 진언했다.

스님은 한동안 잠잠히 생각하더니 좋다고 승낙했다.

"그래. 신도들한테도 목탁 치는 법을 가르쳐 줘. 목탁소리는 수행자의 혼침을 일깨워 주지. 그 소리에 천마외도가 깜짝 놀라 도망쳐 버려. 그렇지만 천상과 인간은 그 소리에 환희심을 내거든."

신도교육에는 무엇보다 교재가 있어야 분명한 근거가 될 것 같아 김길원 불자에게 권유하여 『불자 예절과 의식』이라는 책을 엮도록 했다.

물론 대부분이 스님의 문헌을 모아서 편집했고, 그래도 분명치 않은 것은 스님에게 직접 여쭈어서 확정하는 절차를 거쳤다.

목탁을 배울 때 처음에는 신도들이 어리둥절해 했다. 스님들만 사용하는 법구를 재가 신도들이 감히 만지거나 함부로 사용해도 되느냐는 고정 관념을 가지고 있기 때문이었다. 이에 나는

"목탁은 수행 도구입니다. 수행은 불자라면 누구나 해야 하는 의무입니다. 수행자가 수행 도구를 쓰는 데 따로 차별을 둘 까닭이 있나요?"

한편으로 어려워하고 신기해하기도 했지만 목탁을 박자에 맞춰서 치는 법을 익히면서 신도들 스스로 몸가짐이 더욱 경건해져 갔다.

'이제 나는 확실한 불자다. 틀림없는 수행자다.'

신도 스스로가 목탁을 치면서 그 소리를 들으면서 마음에 이러한

다짐을 했다.

　불광에서 일 년에 한 번씩 큰절로 순례법회 갈 때는 수십 대의 버스 차량 행렬이 고속도로에 진입하면 각 차에서는 신도들의 자발적인 기도가 일제히 시작된다. 물론 목탁을 치면서 예불과 독경이 다같이 이루어지는 것이다. 만약 신도들에게 목탁을 가르치지 않았다면 각 차량마다 목탁 치는 스님 수십 명이 함께 타고 가야 됐을 것이다.

　불교의 생활화라는 말은 흔히 쓰이지만 그것은 불자 개인의 자발적인 수행 없이는 불가능한 일이다. 스님은 신도교육을 통해 신도 개개인의 불법 성숙의 터전을 마련해 주었고, 용기와 지혜를 일깨워 집에서도 아침저녁 일과 정진을 하도록 능력을 키워 주었다.

아직 세우지 못한 불교사회과학연구소

노트에 보니 이런 스님의 말씀이 적혀 있다.

"불교를 이론으로만 파악하지 말고 각(覺 = 깨달음)이라는 절대 순수한 존재에서 비롯됨을 알아야 한다. 이것은 선(禪)이 추구하는 것이며 바로 여기에서 사회과학이 도출된다.

혹자는 불교에서는 신앙이라는 말을 쓰면 안 되고, 굳이 쓰려고 하면 신행이라는 말을 써야 한다고 애써 강변한다. 그러나 나는 입장을 달리하여 신앙을 강조하고 있다. 그것은 바로 부처님을 닮기 위해서는 부처님을 생각하며 우러르고 섬기고 받들어야만 진정한 부처님의 모습을 닮아갈 수 있다고 생각하기 때문이다. 사실 부처님을 섬긴다는 것은 각(覺)을 받드는 것이다. 그래서 신앙에 대하여 일반 신도들에게 내가 매우 열렬히 요구하는 부분이기도 하다.

이미 알다시피 우리의 신앙 대상은 각이다. 부처님의 깨달음 세계가 바로 나와 우리 모두의 열렬한 신앙의 대상이라는 말이다.

이러한 각을 성취(증득)하기 위해 스님들은 평생을 머리 깎고, 먹물 옷 입고 세속의 모든 즐거움을 외면한 채, 오직 각의 파악을 위해서만 순수하게 살아간다.

이 각이라는 언어와 사량만으로는 도저히 도달하지 못하는 절대적 세계가 바로 사회과학이 연원하는 곳이고 모든 만물과 온갖 원리가 전개되는 근본 입각처다. 각이라는 존재론 입장에서 사회과학적인 원리를 도출해야만 인간의 참 성품을 등지지 않고 바른 질서와 무한한 성장의 토대를 마련할 수 있다."

스님은 오직 각사상을 가지고 개인 및 사회 구제와 인류 행복이라는 인간 숙원을 이룰 수 있다고 재차 강조했다. 이 부분에 대한 본격적인 시도를 위해 우선 연구소를 만들어서 발표하고, 외국 학자들에게 연구 과제를 제공하여 국제적인 주제로 떠올려 해마다 발표한 뒤, 세계의 정치 지도자들에게 종합된 이론을 보내 주는 노력을 꾸준히 해 간다면 미래 인류를 이끌어 갈 참다운 원리가 형성되고 실현된다고 보셨다.

스님 건강이 나빠지기 전에는 이 부분에 대한 구체적인 계획까지 세웠었고 연구진도 마음속으로 정해 놓는 단계까지 갔었다. 사실 불광의 정법호지 발원 불사의 공양금도 이 연구소 설립에 쓰여질 계획이었다.

이 거대하고 원력에 가득 찬 세기적 불사는 역시 스님이 구상하고 계획하고 추진해 가야 하는 일인데, 그만 건강이 자꾸만 악화되는 바람에 착수하지 못하고 말았다. 매우 애석하고 안타까운 일이 아닐 수 없다.

본격적인 반야바라밀 운동을 실현하기 위해 불석신명의 전법 의지를 불태웠고, 마침내 어느 정도 목표 지점까지 도달했다. 불광사를 짓고 각 지역마다 법등이라는 신앙 조직을 구축해서 서로가 서로에게 기여하는 수행 공동체에 대한 바른 인식을 확립했다. 그래서 신도들은 자발적으로 모임을 가지고 처음 온 신도들을 이끌어 주고, 누가 아프거나 힘든 일을 만나면 찾아가서 함께 기도하고 도와주는 불자 우정의 새싹을 키워갔던 것이다.

스님은 이 법등을 바로 세계평화불사의 원리를 실현하는 토대로 삼았던 것이다.

부처님의 구세대비를 세계평화운동이라고 말한다. 그것을 현대적인 방법으로 실현하고자 했던 분이 스님이었고, 그것이 불교사회과학연구소를 만들고자 한 근본 뜻이었다.

8

불광 특별시

반야바라밀 결사운동

불광사 보광당에는 스님이 쓰는 법상(法床)이 있다.
불광사를 짓고 나서 몇몇 신도들이 법상을 화려하고 장엄하게 꾸미자고 간청했다.
그러나 스님은 결국 시내 철제 가구점에 가서 철제 책상을 하나 샀다.
그리고 그 위에 천을 덧씌워 법상으로 정했다.
법상이 아무리 장엄해도 법이 초라하면 남의 웃음거리가 되고,
법상이 초라해도 법이 훌륭하면 불자가 구름처럼 몰려든다는 것이 스님의 생각이었다.

초라한 법상, 장엄한 불법

몸이 불편하다 보니 스님은 걷는 것도 몹시 고통스러워했다. 그렇건만 스님은 허리가 아파 가다가 쉬고 가다가 쉬기를 여러 번 할지언정 결코 지팡이를 들지 않았다. 가능하면 부축도 사양하고 꼿꼿이 서서 팔을 흔들며 걷고 싶어했다. 그것은 지팡이가 노인들의 의지처라기보다는 한때 권위의 상징으로 쓰였기 때문에 스님은 짐짓 지팡이를 멀리했던 것 같다.

불광사를 짓고 나서 신도들이 스님이 매주 설법하는 법상을 화려하고 장엄하게 꾸미자고 간청했다. 절에 돈이 없다면 시주를 모아서라도 만들자고 야단이었다. 남의 의견이나 신도들의 뜻을 소중히 하는 스님도 이 문제만은 결코 호락호락하지 않았다.

스님은 결국 시내 철제 가구점에 가서 철제 책상 하나 사다 놓고 그 위에 친을 덧씌워 법상으로 정했다. 스님이 거기에 대한 설명을 따로 한 적은 없지만 여러 가지 상황을 종합하여 고려해 볼 때 법상이 장엄해도 법이 초라하면 남의 웃음거리가 되는 것이고, 법상이 초라해도 법이 훌륭하면 불자가 구름처럼 몰려들 것이라는 생각을 언제나 갖고 있었다고 본다.

스님은 인위적인 권위를 배척했다. 합리적이며 진리에 의한 법의 존엄만 선택하고 실천했다. 그리고 감정에 치우쳐 결정하고 자선을 하는 것도 사양했다. 또한 그때그때의 기분에 따라 일을 결정하지도 않았다. 객관적인 기준을 세워 놓고 그 기준에 입각해서 모든 것을 결정했다. 그래서 혹자는 우리 스님을 명분론자라고 말하기도 했다.

어쨌거나 스님은 부처님 재산을 관리하는 데도 엄격했고, 절을 짓는 데도 엄격했다. 그러나 한 가지 부처님이 계시는 대웅전을 장엄할 때는 값을 깎는 법도 없고 돈을 아끼지도 않았다. 부처님 존상을 모시는 일에서는 온갖 정성을 다했다.

그러나 스님이 주로 앉아서 설법하는 법상에는 인색하기 그지없었다. 스님 개인적인 일용품이나 물건 따위는 모두가 다 이런 식이었다. 가까운 신도들이 크고 번듯한 법상을 마련하자고 그렇게 원했어도 끝내 물리치고 말았다.

지팡이를 싫어하고 언제나 꼿꼿이 걷고자 했던 스님, 끝내 호화로운 법상을 차려놓지 않았던 스님의 정신적인 철저함과 자주성은 무엇에도 비교할 일이 아니다.

미소불(佛)

한국불교계에서 『보현행원품』을 최초로 번역한 주인공이 바로 우리 스님이다. 그만큼 스님은 『행원품』에 남다른 신앙심을 가졌고 새로운 불교 운동의 커다란 물줄기로 삼았다.

드문 일은 또 있다.

종정을 역임했던 해인사 퇴옹성철 대종사께서 스님의 『행원품』 번역서에 서문을 쓰셨다. 견문이 부족해서인지 몰라도 우리 스님 책 외에 다른 사람이 쓴 책에 성철 스님께서 서문을 쓰신 것을 아직 보지 못했다.

아마 성철 스님께서도 중요하게 생각했던 경을 사제인 광덕 스님이 번역해서 책으로 펴내니까 즐거운 마음으로 쓰시지 않았을까 싶다. 나는 기회 있을 때마다 그 서문을 많은 사람들에게 읽기를 권하고 심지어 외우라고까지 한다.

『행원품』에서 특히 앞부분의 예경과 찬탄은 스님이 평생 동안 지니고 있던 꼿꼿한 불변의 신념, 그 원천이었다.

　스님은 어떤 경우라도 미소를 잃지 않았고, 또 만나는 사람들마다 예경원을 벗어나지 않았다. 극히 조심스러운 말이지만 그 후에 『보현행원품』 책이 여러 종류 나왔지만 누가 과연 스님만큼 몸소 철두철미하게 행원을 실천했을까 하는 생각이 들 정도다. 책에나 있고 이론에나 있는 사상 따로, 행동 따로는 아니었다. 스님은 보현행원 그 자체였다.

　스님 슬하에서 소임을 볼 때, 나는 내 힘껏 잘해 본다고 애를 썼으나 모자라고 엉뚱할 때가 더 많았다.

　어떤 경우에는 혼자 삭이지를 못해서 스님에게 하소연하거나 투정이라도 부려야지 하고 작정하며 스님 방에 들어간 적도 많았다. 그렇지만 막상 인사를 드리고 스님 앞에 앉으면 모든 감정이 일시에 사라져 버리곤 했다. 절할 때까지만 해도 분명 고민이 있었는데 절을 마치고 자리에 앉아 스님을 쳐다보는 순간 이미 어디론가 그 고민이 가버린 것이다. 스님의 얼굴을 뵙는 순간 고민이 녹아 없어진 것이다.

　이런 경험을 여러 차례 하다 보니 나중에는 내 나름대로 분석해 보기도 했다. 왜 그럴까. 스님의 자애로운 눈빛 때문일까? 못한 일도 꾸짖지 않고 고무해 주던 찬탄의 힘 때문일까? 스님의 무한 자비일까?

　아무튼 나는 스님을 뵙는 순간 순식간에 고민과 불만이 녹아 없어지곤 했다. 이 일은 나 혼자만 체험한 일이 아니었다. 당시에 불광 불자라면 거의 한 번씩 경험했던 일이기도 하다. 어느 재가불자의 고백이다.

"일요일 법회에 나와서 스님을 뵈면 표정이 눈부셔요. 뭐라고 말할 수 없는 자비가 스님 얼굴에서 미소의 파도를 타고 저에게 다가와요. 그뿐만 아니라 보광당 부처님 미소와 함께 바다의 산더미 파도가 뭍으로 달려오듯이 저에게 이르러서 모든 고뇌가 일시에 녹아 없어져요. 그 짧은 순간에 저는 힘을 얻고 직장에 가서 열심히 살고 가정에서도 충실하지요."

이와 같이 불광사 보광당의 두 미소는 우리에게 위안이었고, 삶의 크나큰 활력이었다.

뿐만 아니라 우리 스님은 견고한 사상가였고 왕성한 활동가였다. 불멸의 신념과 깊은 신심, 뜨거운 정열을 가지고 소년같이 순수하게 일생을 시종일관 살았다. 이제 스님께서 떠나고 난 뒤, 이루어 놓은 업적을 하나하나 챙겨볼수록 내가 흉내낼 수 없는 뛰어난 분이라는 것을 새삼 절감한다.

스님은 모든 일에 앞장섰고 항상 모범을 보였다. 자주 열리는 법회 때도 처음부터 스님 자리를 지켰고, 아침저녁 예불과 사시마지에 하루도 빠지지 않았다. 대대로 내려오는 집안 내력의 가풍일까 하는 생각이 들기도 했다.(스님의 스승이신 동산 대종사께서는 입적 당일까지도 대중공양, 예불, 대중 청소에 앞장섰던 분) 스님의 형편으로 보면 건강이나 업무의 양으로 봐서도 웬만하면 남에게 미뤄도 큰 흉이 안 될 수도 있었다. 그러나 스님은 그렇게 하지 않았다. 법우 형제들이 있는 곳에 언제나 스님이 함께 했고, 스님이 있는 곳에 역시 법우들이 함께 하는 동체대비(同體大悲)의 법문을 생활에 모두 나타내 주었다.

매년 종단에서 봉행하는 초파일 제등행렬에도 스님은 앞장섰고, 불광 초창기 시절 한 달에 한 번 서울 근교에 있는 사찰로 순례법회를 갈 때도 스님은 항상 앞에서 걸었다. 그뿐만이 아니다. 매월 열리는 구도철야정진법회 때나 심지어 단월이 올리는 재에까지 참석하여 의식을 함께 하고 수행을 함께 했으며 삶을 함께 했다.

역시 불광 초창기에 가을마다 열렸던 바라밀 운동회 때는 아이들의 손을 잡고 뜀박질을 하고 박수를 치며 법우들과 한 덩어리가 되어 웃고 노래하곤 했다. 스님 법상의 설법이 생활 속에서도 결코 다르지 않았다. 그대로를 남김없이 보여 주는 스님의 진면모는 언제나 여여하여 한결같았다.

형제 여러분

출가 수행자들이 처음 배우는 교과서에 이런 말이 있다.
'나이 많은 사람은 형이 되고 나이가 적은 사람은 아우가 된다.'
이 말은 도를 닦아 가는 사람들의 기본적인 생활 질서이며 함께 사는 인간관이랄 수 있는 말이다.
어디서 만났건, 사회에서 무엇을 했건, 일단 부처님의 제자가 되었다면 모두가 형제지간이 되는 것이다.
불광법회가 한국불교에 영향을 끼친 여러 가지 일 중에서 일주일마다 법회를 열었다는 점이 우선 꼽힐 것이다.
종로 대각사에서는 매주 목요일 오후 7시가 법회시간이었고, 잠실 불광사로 옮기고부터는 매주 일요일 10시 30분이 법회시간이었다.
사회생활을 하면서 불교를 배우는 사람들에게 일주일이라는 시간 간격은 매우 적절했다. 법문을 듣고 그 느낌이 사라지기 전에 또다시 법문을 듣게 된다면 누구나 새로워질 수 있고, 항상 부처님 법 가운데서 살아갈 수가 있게 되는 것이다.

잠실 불광사 일요법회 때는 넓은 보광당이 불자들로 가득 차고 복도까지 까치발을 하고서 법문을 듣는 성황을 매주 이뤘다. 그 많은 동참 대중들이 우렁차고 간절한 마음으로 청법가를 부르고 고요히 마음을 비우는 입정이 끝나면 스님이 등장한다. 스님은 삼귀의부터 대중과 함께 하고 경을 읽고, 예불 드리고, 찬탄과 찬불을 올리고 난 뒤 법상에 올랐다.

스님은 설법을 할 때 스님 자신을 신비화하거나 꾸미지 않았다. 그래서 1천5백 명이나 되는 대중이 모이는 대법회인 보광당에서도 법상을 크고 화려하게 장엄하지 않았다. 시중에서 흔히 구입할 수 있는 철제 책상을 하나 놓고 그 위해 천을 덧씌운 게 스님의 법상이었다. 상좌들이나 신도들이 큰 법상을 원하면 스님은 이렇게 꾸짖곤 했다.

"창고에서 법회를 열어도 법이 수승하면 제천이 환희하지만, 사람의 시선을 빼앗을 만한 화려한 시설이어도 법이 약하면 아무 의미가 없는 것이다. 우리 모두 열심히 정진하고 수행하여 부처님 법을 올바로 전하는 참 불자가 되자."

자칫 모양과 격식에 사로잡히기 쉬운 범상한 우리들의 생각을 이렇게 다져 주곤 했다.

환한 미소를 가득 담고 나지막한 법상에 앉아서 동참 대중을 자애 어린 눈길로 고루 돌아보고 난 뒤 처음 여는 스님의 음성은 언제나 한결같았다.

"형제 여러분!"

이 말이었다. 여기에는 어떤 권위도 없고 특별한 카리스마도 없다.

있는 그대로 다정한 목소리로 형님, 동생 여러분이었다.

　나 역시 처음 얼마 동안은 '형제 여러분'이란 말이 생소하게 느껴졌다. 그러다가 불타전(傳)에 관심을 가지면서 부처님께서도 "어서 오라, 벗이여!" 하고 제자나 대중을 불렀던 것을 알고는 스님의 첫마디가 그렇게 정답게 들릴 수가 없었다.

　'나는 스님, 스님은 고귀한 존재, 너희는 세속에서 때묻은 존재.' 이런 느낌을 스님의 그 어디에서도 전혀 받지 못했다. 그야말로 스님의 눈에는 모두가 부처님이었고, 부처님의 한 핏줄을 이어받은 형이나 동생들이었다.

감사합니다

감사에 대한 해석을 우리 스님만큼 전문적으로 잘 하는 분은 아직 보지 못했다. 스님은 감사에 대한 연구에서 일가를 이뤘다고 할 만큼 깊고 넓다. 교학의 입장에서 풀어놓은 감사에 대한 여러 가지 말씀도 있지만, 직접적이고 강한 가르침과 추억은 역시 법회시간에 있었다.

사회생활을 하는 형제들은 무척 분주하게 살고 있다. 문명의 이기로 말미암아 생활이 편리해진 부분도 많지만 그 대신 생활 자체가 다양해져서 시간적으로는 더 바빠졌기 때문이다. 심지어는 어린 아이들까지도 스케줄이 빽빽하게 엮어진 상태이다. 이런 바쁜 도시 생활 속에서 매주 법회에 참석하는 것은 매우 어렵다. 대단한 정성을 기울여야만 법회에 참석할 수 있고, 그것도 빠짐없이 참석하기란 더욱 큰 정성이 있어야만 한다.

어떻게 보면 매주 법회에 참석하는 그 마음(정성)만으로도 벌써 상당한 경지에 도달했다고 해도 지나친 말은 아닐 것이다. 일요일만큼은 세상사를 접어두고 잠실 불광사로 달려오는 청법 대중의 신심은 정말 갸륵한 것이다.

그날 모인 법회 대중들을 한사람 한사람 불러 놓고 낱낱의 사정을 들어본다면 아마도 입이 딱 벌어질 것이다.

쉽게 얘기해서 잠실까지 달려온 모든 법우들이 할 일 없이 온 것이 아니고, 부처님 가르침을 찾아서 온갖 세속적인 유혹을 모두 사양하고 뿌리치고 달려온 것이다. 물론 교통편을 이용해서 왔으니까 헐떡일 것이야 없겠지만 그 마음을 본다면 백 미터 달리기 한 사람만큼 헐떡였을 것이다.

그러한 대중들을 둘러보면서 스님은 환한 미소를 머금고 '형제 여러분!' 하고 불러 주곤 한다. 그러고는 '감사합니다'라고 일일이 대중을 맞이하고 각각의 인생 사연을 한꺼번에 수용하여 부처님 세계로 안내한다. 그러니까 '감사합니다'라고 하는 스님의 말씀 속에는 수많은 뜻이 들어 있다. 그날 동참 대중들의 온갖 어려움이나 말못할 사연마저도 하나도 소홀함 없이 빠짐없이 모두 받아들여 어루만지고 위로하고 격려하며 용기를 전하는 스님의 총체적 법력의 노출이고 자비의 무진 표현이다.

대중들은 그러한 스님의 말과 표정을 통한 무량법문을 입 떼기 전에 이미 듣고 기뻐하며 웃음으로 화답하고 '역시 오기를 잘했다'라고 안도하면서 곧 법을 만난 기쁨으로 충만해진다. 그런 분위기에서 알뜰하고 간곡한 자비심으로 불광 심지법문이 울려 넘치는 것이다.

새 물줄기

스님이 포교를 본격적으로 시작하면서 늘상 새 물줄기를 강조했다. 기존에 여러 갈래의 물줄기가 있었으나 그 물줄기로는 만족하지 못했던 모양이다.

스님이 생각하는 한국불교의 새 물줄기는 부처님 근본법에 충실하자는 하나의 결사운동이었다. 그래서 불자 모두는 인간이 살아가는 사회 구석구석 모든 분야에 충분한 수분을 공급하고 더러운 것을 씻어주는 청정수 역할을 해야 한다고 강조했다.

생물은 물이 없으면 결국에는 죽듯이, 인간에게도 불교(인간 실상)를 알지 못하면 결국에는 죽는 수밖에 없다. 아무리 죽음을 거부하려고 발버둥쳐도 피할 길이 없고 숨을 곳이 없다. 오히려 원리를 모르는 발버둥은 사태를 더욱 악화시켜서 인간 개개인을 혼돈으로 몰아넣고 마침내 사회나 국가를 어둠으로 몰고 간다.

그러므로 새 물줄기는 자비롭고 행동적이어야 하고 물줄기가 흐를 수 있는 길은 묘도(妙道)여야 한다. 현대 사회의 무한한 발전이 이루어 놓은 생리적, 심리적인 연구성과에 대한 깊은 배려와 탁월한 방안을 염두에 두고 하나하나 묘도를 만들어야만 새 물줄기가 될 것이기 때문이다.

그 묘도 중에서 우선 과제는 밝은 노래 보급이었고, 한글로 된 의식과 경문의 수지였다. 그래서 모두가 함께(수행 공동체) 노래 부르고 의식에 동참하고, 경문을 독송하는 가슴에 와 닿는 감동의 물결이 출렁이는 수행이었다. 이것이 반야바라밀 신앙이다.

불교를 불자 개인의 머릿속이나 가슴속에만 가둬 놓지 말고 행을 통해 거리마다 골목마다 풀어놓자는 것이다. 앉아서 죄업을 생각하며 우는 것에만 수행의 가치를 두지 말고 공(空)을 통한 활발발한 신앙과 수행으로 세상을 밝히고 적극적으로 진리를 행해야 한다. 그것이 보현행원 운동이었다.

무슨 면죄부 팔듯이 업장이 두터우니까 거기에 상응하는 선행을 해야 된다는 식으로 가면 활력이 나올 여지가 없다. 오직 반야만이 무명으로 뒤덮인 사회와 역사를 일시에 온전히 구제할 수 있다는 신념이었고 스님만의 비결로 믿었다. 불자가 늘 심각하기만 하고 침울하기만 한 얼굴과 마음으로는 역사 기여를 통한 불국 건설이라는 부처님의 구세대비가 자리할 수 없다는 의식을 갖고 새 물줄기를 내세웠다.

즉, 새 물줄기는 끝없는, 한없는 불광 묘도(妙道)이다.

호법은 세계평화운동

"호법(護法)이 호국(護國)이고 호세(護世)이다. 호국·호세를 통해 호법을 찾으면 크게 어긋나는 것이다."

동국대 불교 사학자 김영태 교수의 한결같은 주장이시다.

스님은 호법 발원을 불광 불자들의 일상 수행과 기도에 포함시켜서 구체적 실천 사항으로 덕목화했다.

불광법회는 서울 종로 봉익동 대각사에서 시작한 지 칠년 만에 마침내 잠실 석촌동에 불광사를 건립하였다. 1982년 10월에 준공식을 하고 동시에 법회를 이전하였다.

아마도 그 다음 해에 호법 발원을 제창했던 것으로 기억되고, 매월 첫째 수요일 오전에 호법 발원 법회를 열었다. 호법 발원 공양금을 한 가족이 얼마씩 스스로 정하여 매월 자진 봉납했다. 그 동안 신도들이 특별한 명목으로 불공하거나 특정 불사에만 보시하는 일이 지금까지 한국불교의 보시바라밀 수행의 흐름이었다.

그런데 스님이 정법호지 발원을 제창하고 그 공양금을 정하고부터는 보시의 양상이 달라졌다. 행을 통해 정신을 바꾸어 놓았기 때문이다.

스님은 호법 발원 공양금은 절에서 먹고사는 데 쓰지 않고 각 지역에 법당을 짓고 법사를 양성하여 포교 일선에 배출한다는 원대한 계획을 실천하는 데 사용하기로 뜻을 세웠다. 그때까지만 해도 신도 대부분이 불공하거나 불사(대부분 집 짓는 일)를 해야만 보시에 응했다. 거기에 비하여 호법 발원은 순수한 신앙의 발로였고 자발적인 생각으로 한국불교 발전에 책임을 지겠다고 나선 새로운 호법불사였다. 참으로 놀라운 일이었다. 신도들이 개인적인 기복(祈福)이나 발복(發福)에만 시주를 연결짓지 않고 불교의 앞날을 위해 또는 한국불교, 세계불교를 위해 팔을 걷어 부치고 앞장섰던 것이다.

재가불자들이 부처님의 참 뜻을 펴기 위해 구체적인 행동으로 나서는 일은 매우 드물었다. 여태까지 계기가 없었기 때문인 것 같다. 스님이 정법호지 발원을 제창한 뒤 많은 사람들이 환히 동참한 걸 보면 알 수 있겠다. 대중은 뭔가를 깊이 느끼고 있었지만 그 기회가 없었고, 지도자가 없었기에 망설이고 있었을까? 때를 기다리고 있었을까?

훗날, 훨씬 뒤에 종단의 변혁 후 호법부라는 것이 종단 기구로 등장했지만 그것은 스님 뜻과 다른 종단 조직이었고, 또 거의 스님들에게만 국한된 일이고, 사부대중 전체의 폭넓은 관심사는 아니었다.

진정한 호법은 불자가 스스로 불교의 미래를 책임지는 것이고, 인류행복과 세계평화를 위해 보살행을 펼쳐 가는 것이다. 이 일에 스님은 횃불이 되었다. 그러므로 스님의 새 불교 새 물줄기 운동 중에서 가장 두드러진 불사였다.

월간 「불광」은 매달 한 번씩 열리는 2만 명 대법회

　내가 월간 「불광」과 불광출판부 주간을 맡았을 때였다. 월간지를 매달 새롭게 만들어내는 일은 내 취미에 딱 맞았다. 많은 사람을 만나고 대화하고 떠오르는 아이디어를 바로 활용하다 보면 성취감도 적지 않았다. 물론 수행자로서 성취감의 내용도 중요하지만 말이다.
　당시의 직원들과 나는 서로 격려하며 열심히 책 만드는 일에 열정을 바쳤다. 그때까지만 해도 각 절에서 사보(寺報)를 따로 만들지 않을 때였고, 요즘처럼 읽을 거리가 넘칠 때도 아니었으니 월말이 되면 월간 「불광」을 기다리는 독자들이 많았다. 제작 관계로 며칠만 늦어지면 금방 문의와 항의 전화가 쇄도했다.
　나는 출판부 직원들과 동지가 되어 새롭게 일하기로 다짐하고 난 뒤 하루가 다르게 월간지 부수가 늘어갔다. 불과 채 1년도 안 되어서 발간 부수가 배로 늘어났다. 그럴 즈음 불광사에서 문서포교의 출판

지원금을 좀더 타내기 위해 나는 스님 방문을 두드렸다.

"스님, 월간「불광」이 매달 우리 나라 구석구석, 또는 멀리 외국까지 나갑니다. 우리는 불광을 통해 매달 한 번씩 2만 명이 모이는 대법회를 열고 있는 것과 같습니다."

새로운 말은 아니었지만 스님은 2만 명 대법회라는 내 주장에 동감을 표시하였고, 모처럼 흐뭇한 표정으로 내 청을 들어주었다. 온화한 표정으로 좋아할 때는 그 모습이 소년같이 청순했다.

헌공 봉투

스님이 바꾸어 놓은 것 중의 하나가 불자들의 헌공 방식이다. 그래서 등장한 것이 바로 헌공 봉투다.

부처님께 올리는 공양금(돈)을 지갑이나 주머니에서 꺼내 불단에 올리지 말고, 집에서부터 미리 봉투에 넣어 정성껏 간절한 마음으로 올리라고 해서 헌공 봉투를 만든 것이다.

신앙 생활에도 예절이 있다. 발원에 따라 부처님께 올리는 의식이 다르고 격식이 달라진다. 또한 불자(출가·재가)로서 부처님께 하루에 예불 공양을 올리는 것은 생활의 기본이며 삶의 원칙이고 생명 질서의 확인이다.

바로 얼마 전까지만 해도 우리 한국불교에는 스님들의 일상 기도나 수행은 있었지만 신도들의 수행은 거의 없었다. 신도들은 특별한 기회나 되어야 기도를 하거나 염불하는 정도에 머물렀고, 흔히 복 짓는 보시행만 하는 것으로 불자의 몫을 다한다고 생각하였다.

만약에 불교 전래 처음부터 신도들에게도 아침저녁으로 예불과 기도를 하게 만들었다면 불교의 위상이나 교세가 오늘날의 모습과는 많이 달라졌을 것이다. 특히 집집마다 원불을 모시고 가족이 함께 모여 부처님을 우러르고 예배하는 기본 예절을 처음부터 확실히 행했다면 불교를 통해 국민 정신에 더욱 큰 기여를 했을 것이다.

우리의 현실을 자세히 관찰하고 냉정하게 살펴보면 오늘날 한국불교에는 불교 지식인은 많아도 불교 수행자는 드문 것 같다. 각 절마다 법사, 강사들을 모셔다가 교육을 해서 불자들에게 많은 지식을 선사하지만 수행이나 아침저녁으로 부처님을 뵙는 기본 예절을 강조하는 곳은 참으로 드문 것 같다. 우선 가르치는 분들부터 집에 돌아가서 조석 예불조차 올리지 못하는 입장들일 테니 무슨 말을 더 할 수 있겠는가.

부처님께 올리는 것을 불공이라고 한다. 내 마음을 부처님께 활짝 여는 격식이 불공이다. 부처님께서 내게 많이 가져와라 하고 요청해서가 아니다. 스스로 부처님께 받치므로(헌공) 자기 마음이 열리게 된다. 공양(물질)을 정성껏 준비하여 일심으로 부처님께 올렸을 때 내 마음이 활짝 열려서 내 마음속에 부처님께서 성큼 들어오시는 것이다. 부처님을 영접하는 진정한 자세가 불공이라는 얘기다.

이러한 정성을 기울이지 않고 오직 마음만으로 부처님을 영접한다는 것은 자칫 신앙이 한쪽으로 기울어지거나 소홀해지기 십상이다.

부처님께 공양금을 올릴 때 과거에는 대다수가 주머니나 지갑에서 그냥 돈을 척 꺼내 들고 불단에 올려놓거나 복전함에 넣었다. 그러나 스님은 공양 봉투를 만들어서 누구나 공양하고 싶으면 이 봉투에 넣어서 부처님께 올리라고 일러주었다.

  돈을 그냥 노출시키는 것이 결례라기보다는 봉투에 넣어서 올리면 더욱 정중해지고 정성스럽기 때문이다. 절에 와서 즉시에 주머니에서 돈을 꺼내는 것보다 아예 집에서부터 봉투에 넣어 준비한다면 똑같은 금액을 헌공하더라도 불자의 공양 자세는 사뭇 다른 것이다. 설령 미리 집에서부터 준비가 없었다 하더라도 그 자리에서 공양금을 헌공 봉투에 담아서 정성껏 올린다면 이 역시 매우 지극한 공양이 될 것이다.

  헌공은 체면치레가 아니고 남의 눈치를 보는 것이 아니다. 자기 자신의 신심이요, 마음의 문을 여는 구체적 행이요, 부처님을 맞이하는 일심의 태도다.

  이제 스님의 훌륭한 신도들은 어느 절을 참배하러 가든 미리 공양금을 봉투에 담아서 정성껏 준비해서 집을 나선다.

불광법회 지도위원

　불광사의 운영과 포교·수행직제를 가만히 살펴보면 매우 심사숙고하여 하나하나 틀을 놓아간 느낌을 누구나 받게 될 것이다. 매사에 신중하고 사려 깊은 스님의 생각과 포부가 모든 분야에 골고루 농축되어 있기 때문이다.
　특히 스님들이 오는 21세기에 해야 할 주도적 역할을 직제를 통해서 충분히 짐작할 수 있게 된다. 출가한 스님들은 세속의 재가불자들이 할 수 없는 분야를 맡아야 서로 역할 분담도 되고, 스님들의 존엄이 확립되어 불국토 성취라는 원대한 이상이 달성될 수 있는 것이다.
　역시 스님들은 과거에도 그랬고 오늘날도 그렇고 미래에도 그러해야 하는 특별한 일(임무)이 있다. 그것은 바로 법의 증거자가 되어야 하며, 보살행의 중심이 되어야 한다는 만고불변의 엄연한 사실이다. 부처님의 혜명을 계승하여 호법을 이룩하는 것과 많은 중생들을 제도하는 전법 대열에 앞장서는 것이 바로 법의 증거자가 되는 것이며 보살행의 중심이라고 할 것이다.

　스님은 이와 같은 생각의 기본 토대를 가지고 불광사의 소임을 부여해 나갔다. 스님들이 갖게 되는 공식 명칭은 각 분야별로 나뉘어져 있는 일의 지도위원이다. 예를 든다면 총무담당 지도위원, 교육담당 지도위원, 연화담당 지도위원 등등이다.

　실질적인 일들은 재가불자들이 앞장서서 모두 떠맡아 가는 것이다. 그러한 일들에 대한 지도위원의 역할은 그야말로 불교의 바른 안목을 말하는 것이다. 전문 분야에 대한 결정과 판단을 의미하는 것이기보다는 그 일이 갖는 진리성과 일의 진행 방향에 대한 여법성을 비춰주고 인도하는 역할이다.

　아무리 세간적인 이익이 많다 하더라도 그 일이 비불교적이든지, 진리의 원 뜻에 상응하는 일이 아니라는 판단이 들었을 때는 그 이익을 과감히 버릴 수 있어야 한다. 바로 그런 결정적 역할을 하는 것이 지도위원의 몫이다. 가장 불교적인 일만 해 나가는 판단과 결정은 역시 출가한 스님들의 올곧은 수행 정신에서 더욱 명확해지고 단호해질 수가 있는 것이다.

　지도위원의 판단은 진리에 근거하기 때문에 무엇보다 높은 권위를 가지게 되고, 누구나 존중하지 않으면 안 되는 진리의 힘을 행사하게 되는 것이다.

　혹자는 일러서 불광사의 소임은 힘없는 시녀 노릇이라고 말한 적이 있다. 하지만 실제로 그 밑바닥을 충실히 검토해 보면 스님의 올바른 생각과 원대한 포부와 출가자의 위상을 비로소 이해하게 되고 알 수 있게 되는 것이다.

지도위원이라고 하면 흔히 정치 집단의 고유 언어 같지만 사실은 사회 각 분야에 걸쳐서 절실히 요청되는 긴요한 역할이고 그 소망스러운 뜻을 나타내는 말이다. 짧은 인생에서 열심히 수행할 수 있고 바른 법을 펼 수 있다면 또 얼마나 큰 다행이겠는가!

일체 다른 잡무는 감당하지 않고 오직 수행에만 힘써 가면서 함께 서로 협력하는 것이야말로 스님들이 보여 주어야 할 덕행이며 법의 원만을 구현하는 진정한 보살도가 될 것이다.

그렇게 되면 모든 불교 신앙단체는 스님이 법의 증거자가 되고 스님이 보살행의 중심이 되어서 제대로 된 불교수행과 신앙을 성장시켜 갈 수 있게 될 것이다.

그렇지 않다면 앞으로도 몇 번이나 더 2보(二寶)에만 귀의한다는 말이 재가신도들로부터 나오게 될지는 아무도 예측할 수 없고 장담할 수 없는 일이 될 것이다.

선거를 하지 말라

　세간에서는 사람이 많다 보니 인물을 제대로 고르기가 어려워 손을 들어 뽑거나 비밀 표시를 하여 뽑는다. 소위 선거다.
　출세간인 수행자들의 모임인 불광법회의 뛰어난 장점은 불사를 담당할 임원을 뽑는 데 선거를 하지 않는다는 점이다.
　아무리 도 닦는 수행 공동체라고 해도 사람이 많다 보면 그 가운데서 필요한 임원을 선발하여 일을 맡길 수밖에 없는 일인데 불광의 임원 선발 방법은 지극히 독재(?)적이다.
　스님이 이모저모를 평소에 잘 보아 두었다가 여러 가지 상황이 맞아떨어질 때 그를 임원으로 선임했다. 세속적인 지위의 높고 낮음이나 재산의 많고 적음에 따라 결정되는 일은 한 번도 없었다. 오직 깊은 신심을 가지고 성실하게 수행했을 때만이 불사를 책임맡는 임원의 영예가 돌아갔다.
　만약에 불광 수행 공동체에서 회장을 선거로 뽑는다고 했다면 얼마나 많은 폐단이 생겼을까를 생각해 본다.

절에 와서 법회를 마치자마자 곧바로 삼삼오오 떼를 지어 인근 다방이나 음식점에 자리를 차지하고 앉아서 온갖 전술·전략을 다 동원하였을지도 모른다. 때로는 상대를 헐뜯기도 하고 모함하거나 비난하여 상대의 인품을 훼손하여 서로 원수가 되는 일도 있었을 것이다.

이것이야말로 지극히 비불교적이며 반불교적인 작태라고 말하지 않을 수 없다. 불자는 서로 찬탄하며 협력하여 보살행을 해야 함에도 그와 반대의 길을 가고 있다면 모든 부처님이 근심하는 일이 될 것이다. 불광법회에는 바로 이같은 일이 전혀 없었다.

또한 스님이 만든 임원들은 임기가 없었다. 때로는 종신일 수도 있고 수십 년일 수도 있다. 어쩌면 다른 사람들은 불광법회 다녀서는 그 흔한 회장 한 번 못해 보고 생이 끝날지도 모르는 일이다.

여기에는 그만한 까닭이 있다.

불자는 깨달음을 통해 세세생생 보살도를 행하는 것이다. 임원이란 바로 보살행이다. 중생과 보리도에 헌신하는 보살에게 기한이 있을 수 없는 일이다. 임원이 힘들거나 능력이 부족하다는 생각이 들면 바로 기도 부족, 수행 부족이라고 반성하고 뉘우쳐서 마음을 돌려 더욱 새롭고 신선하게 일을 해 나간다면 되는 것이지 흔히 세속에서 말하는 것처럼 수다스런 사임 이유는 없게 되는 것이다.

"임원의 역할은 기도이며 수행이다. 성심성의껏 임원의 사명을 완수했을 때 불보살의 은혜가 거기 있고 기뻐하심이 거기에 있다."

오직 법회 분위기는 평등하고 안온하고 진지한 열정으로 가득하였다. 거들먹거리는 사람은 찾아볼 수 없다. 모두가 하심하고 겸손한 사람들만 모여 소곤소곤 의논하고 스님의 뜻을 충실히 따랐다. 불광의 성장기, 스님의 활동기에는 이러한 정신이 가장 충실했던 때였다. 그래서 스님은 임원을 지명할 때 부촉이라는 용어를 썼다.

석가 세존께서 영산에서 부촉한 것을 이어받아서 임원 부촉이라는 말로 불광 수행공동체의 일꾼들을 뽑았고 지명해 나갔다.

높은 이름을 좋아하고, 명예를 좋아하는 세간의 바람이 아무리 거세다 하여도 불법 문중의 옛 법을 숭상하여 초연히 홀로 갔던 것이다.

불광 특별시

　대승불교의 보살이라고 하면 우선 그 떠오르는 느낌이 적극적이며 헌신적이다. 보살은 자기보다 남을 위한 일에 더 즐거움을 느끼고 신명을 내는 지극히 이타적인 수행자들을 일컫는다고 봐야 할 것이다.
　이러한 보살들의 집단을 스님은 무척 만들고 싶어했다. 무엇보다 다같이 모여서 수행하고 기도하며 남 돕는 일을 의논하여 줄기찬 선행을 할 수 있는 무수한 집단의 출현을 스님은 고대했다. 그 집단도 뜨거운 신심으로 한 덩어리가 되며 원만한 행으로 한 몸이 되는 진리성을 고스란히 내포한 보살들의 집합체를 의미하는 것이었다.
　스님이 이점에 착안한 것은 역시 부처님으로부터였다. 부처님께서 신도에게 공양 초청을 받고 가시면 공양이 끝난 뒤 으레 그 주변 사람들과 일가 친지들, 집안 식구 등 모두가 모여 부처님으로부터 법문을 들었다. 거기 모인 사람들의 출신 성분이나 개인의 취향 등 여러 가지가 각기 서로 달랐어도 부처님을 통한 인연으로 말미암아 모든 현상적 한계를 초월하여 불자 형제라는 새로운 진리의 구성체가 출현하는 것이었다.

부처님으로부터 설법을 들은 뒤에는 기쁨과 감동만이 가슴에 남게 되었을 터이고, 그 기쁨과 감동의 눈으로 옆 사람을 보게 되면 계급이나 신분은 어디로 가고 오직 함께 법을 들은 공감대만 서로에게 볼 수 있고 느낄 수 있었을 것이다.

오늘날 불광에서 그러한 사람들의 만남이 법등이라는 수행공동체이다. 법등은 진리의 등불이고 어둠을 밝혀 길을 여는 횃불이라는 뜻이다. 불광에서 지역마다 법등을 만들자 점점 주변으로 번져 나가는 밝은 빛을 따라 많은 사람들이 자발적으로 모여들고 찾아왔다. 이것은 바로 부처님의 법문 공동체이고 진리 공동체였다. 부처님 당시에도 이와 같이 서로 돕고 서로 부처님을 받들며 교단을 수호하는 뜻 깊은 일을 자담했을 것으로 본다.

법등의 근본 정신은 여기에 있는 것이고 다만 스님이 오늘의 사회 분위기에 맞게 이름을 짓고 봉사자를 부촉하여 책임을 맡겨서 능률을 기했을 뿐이다. 그러기에 스님이 만든 법등은 조직이 아니었고 신앙이다. 진리로 한 덩어리가 된 신앙이다. 행여 사람들이 '불광은 조직이 잘 되어서 아주 체계적이다. 그 조직력이 엄청나서 무서울 정도다' 하는 말을 별 생각 없이 주고받는데 사실은 조직이라고 말을 하기에는 더 엄청난 뜻이 그 안에 담겨 있다. 스님 스스로도 "불광의 법등은 조직이 아니다" 하고 못박아 말씀했다.

단지 이름을 정할 때 행정단위 명칭을 따서 그대로 법등 명칭을 삼았을 뿐이다. 예를 들어 서울 송파구 송파동에 있는 사람들이 주축이 되어 만든 법등이라면 송파 법등이 되었다.

이런 것만 가지고 우리가 사회에서 일반적으로 쓰는 조직의 뜻을 그대로 사용하기에는 적절하지 않다. 이러한 법등이 서울시 각 동마다 결성되어서 제각기 불법 수행을 한다면 대단한 위력이 될 수 있을 것이다. 그래서 아마 불광 특별시가 되고도 남았을 것이라는 생각을 가끔 해 본다.

이 법등을 잘 성장시켜서 세계평화운동의 토대로 삼고자 했던 분이 스님이다. 초창기 각 지역 법등가족 특별모임 때는 스님이 빠지지 않고 참석해서 법등 활동을 선도했다. 한 달에 수십 곳을 뛰어다니면서 온갖 노력과 정열을 쏟아 부었다.

무슨 일이든지 초창기에는 사람들의 이해 부족도 있고 이상하다고 생각하여 곱지 않게 보는 시선도 있게 마련이다. 처음 법등 가족모임에는 불자들마저도 무척 의아해했다. 이런 장애는 오로지 스님의 원력과 법력으로 묵묵히 극복하고 사람들의 마음에 하나하나 법등을 정착시켜 나갔다.

지금은 서울에 있는 웬만한 절에서는 거의가 가정법회라는 이름으로 소규모 법회 활동을 하고 있다. 이러한 지역법회의 시작이 불광의 법등 활동이었음을 아는 사람은 흔치 않을 것이다.

부처님 가르침에 충실하고자 했던 스님의 뜨거운 신심을 이 법등에서도 볼 수 있다.

9

도솔천에서 오셨네

도 솔 산　도 피 안 사

안성 도솔산 도피안사에서 불광사로 스님을 모시던 어느 가을날.
"차 좀 세워봐."
스님은 도피안사 용설호 주변의 조그만 언덕에서 갑자기 차를 멈추라고 했다.
"왜요, 스님? 아무것도 없는데요?"
"이봐 송암, 저기 언덕빼기에 피어 있는 저 들꽃 좀 봐! 어쩌면 저렇게도 아름답지?"
하늘하늘 바람결에 춤추는 들꽃들이 지천으로 널려 있는 것을 그때까지 나는 모르고 다녔는데
스님의 축복으로 비로소 눈이 열려 그 들꽃을 만나게 되었다.

먼저 쓰는 게 임자지

내가 있는 절 도피안사 이름에도 스님의 사연이 절절이 묻어 있다.

스님은 불광사를 짓고 도심 포교에 더욱 힘을 기울였다. 법등 특별 가족 모임, 상가 독경, 문병 기도 등 스님은 사양치 않고 어느 곳이든 임했다. 스님은 오직 도심 포교, 인간 세상 한가운데에 절을 짓고 수행한다는 대원칙을 뚜렷이 내세웠다.

그런데 신도들이 늘어나다 보니 사정이 달라졌다.

"우리 불광도 기도처가 있었으면 좋겠다."

"다른 절로 기도를 가니 불편이 많다."

"어떤 절에서는 불광 가족이 한글로 경을 읽고 마하반야바라밀을 염송하면 이상하게 생각한다."

이렇게 기도처 요구가 신도들로부터 쇄도했다.

스님은 기도처가 필요하다는 신도들의 의견을 심사숙고 끝에 받아들이고 부지를 물색했다. 오래지 않아 경기도 광주 근처의 산자락을 매입했고, 절을 지을 구체적인 계획을 짰다. 그즈음에 스님에게 "기도처 이름(寺名)을 무엇으로 하실 겁니까?" 하고 내가 여쭙자 스님은 미리 생각하고 있었는지 즉시 "도피안사"라고 대답했다.

나는 불광이 바라밀 불교로 가고 있으니 한문으로 표현하면 바로 도피안이고, 문학적으로도 멋스런 이름이라고 느꼈다. 부르기도 좋았고 그 어떤 이름보다 돋보인다는 생각이 들었다.

그런데 광주 땅을 매입한 지 얼마 지나지 않아 인근 군부대로 수용되었다는 난데없는 결정을 통보 받았다. 많은 기대를 가지고 있던 불광 불자들은 크게 실망했다. 그러나 스님은 담담하게 그 결정을 받아들였다.

"나라가 필요하다면 먼저 내놓아야지."

스님이 당신의 속마음을 표현하지는 않았지만 아마도 부처님께서 불광은 산에 절을 짓지 말고 더욱 도심 포교에 열중하고, 기도처는 조계종 모든 산중 사찰을 두루 쓰라는 뜻으로 받아들였는지도 모른다. 과연 그 뒤로는 기도처 얘기가 영 없었다.

그 후에 내가 공부터를 찾다가 오늘날 도피안사 자리를 만났다. 법당을 짓고 절 이름을 정할 때 스님에게 여쭈었다.

"도피안사 이름을 안성에 써도 되겠습니까?"

"그래? 먼저 쓰는 사람이 임자지."

이렇게 해서 오늘날 도피안사가 자리잡았다. 그래서 나는 이곳 도피안사의 개산조(開山祖)는 스님이라는 생각을 늘 갖고 있다. 실제로 절을 지을 때 주변의 극성스러운 반대에도 불구하고 상당한 금액을 지원해 주었고, 그 뒤로 만 3년을 스님이 이곳에서 수행했기 때문이다.

주지 오기 전엔 잘 수가 없지

1998년 늦여름 어느 날, 서울에서 법회를 하고 있는데 도피안사에서 연락이 왔다. 서울 불광의 큰스님이 오셨으니 빨리 내려오라는 전갈이었다.

저녁 법회의 예정된 시간보다 일찍 마치고 부랴부랴 도피안사에 내려가는데도 벌써 저녁 9시가 넘었다.

"스님께서 건강도 안 좋으신데 이 시간이면 주무시겠지. 내일 아침에 뵈어야지."

그렇게 생각하며 오히려 느긋하게 여유를 부리며 운전했다. 그런데 막상 도피안사에 도착해 보니 스님은 그때까지 방에 불을 켜 놓고 의자에 앉아 있었다. 내가 도착할 때까지 기다리고 있었던 것이다.

화들짝 놀란 나는 얼른 스님 방으로 달려가 절을 올렸다.

그러자 스님이 얼굴 가득 웃음을 머금고 이렇게 말했다.

"주지가 없는 사이 내가 왔어. 주지 오기 전에 잘 수가 없었지. 이제 자야지."

주지는 그 절의 행정, 관리의 책임뿐만 아니라 수행과 교화의 의무를 지고 그 절 나름의 가풍을 형성하는 책임자다. 행여 이 절의 가풍이 소홀해지지 않을까 해서 비록 상좌가 주지로 있는 절이라 해도 상도(常道)를 벗어나지 않는 스님의 생각에 문득 나는 찬물을 덮어쓴 것처럼 정신이 화들짝 들었다. 세속의 부자 관계나 다름없는 어린 상좌에게도 깍듯이 법도를 지키는 스님의 인생 철학은 비단 이런 일만이 아니었다.

저 들꽃 좀 봐

　스님은 만나는 사람마다 축복을 해주었다. 상좌나 신도나 누구든지 만나기만 하면 축복했고, 멀리 떨어져 있는 사람들에게는 기도로 축복했다. 때로는 편지나 전화로도 축복을 아끼지 않았다. 축복은 없는 것을 있는 것처럼 꾸민 언어의 유희가 아니다. 여래의 공덕장을 밝게 보고 믿고 있는 그대로를 드러내 보여 주는 것이다.
　만나는 사람 누구에게나, 불자거나 비불자거나, 남자거나 여자거나, 노인이거나 아이이거나 그런 유형의 차별에는 조금도 개의치 않고 무진 축복을 했다. 심지어는 길가에 피어 있는 꽃 한 송이에도 어김없이 스님의 축복은 전해졌다.
　내가 도피안사에서 승용차를 운전하여 불광사로 스님을 모시던 어느 가을날이었다.
　"차 좀 세워 봐."
　도피안사 용설호 주변의 조그만 언덕에서 갑자기 차를 멈추라고 말씀했다.

"왜요, 스님? 아무것도 없는데요?"

"이봐 송암, 저기 언덕배기에 피어 있는 저 들꽃 좀 봐! 어쩌면 저렇게도 아름답지?"

그제야 스님이 가리키는 곳을 바라보니 조그만 들꽃들이 나풀나풀 피어 있었다. 하늘하늘 바람결에 춤추는 들꽃들이 지천으로 널려 있는 것을 그때까지는 전혀 모르고 다녔는데, 스님의 축복으로 비로소 눈이 열려 그 들꽃을 만나게 되었다.

이와 같이 스님의 축복은 삼라만상 두두물물에 미치지 않은 곳이 없었다. 눈을 뜨고도 당달봉사처럼 모르고 사는 사람들에게 스님은 축복을 통해 눈을 띄워 주었고, 참 진리의 삶으로 인도해 주었으니 가히 축복 사바하였다.

도솔천에서 오셨네

　스님은 바로 지난 생에 하늘에 머물다가 왔는지 설법 중에 유난히 천상 이야기를 많이 했다.
　물론 경전에 있는 내용을 근거로 해서 설명해 가는 방식이긴 해도 천상에 대한 그리움이나 동경 같은 것이 있지 않고서는 그렇게 실감 나게 얘기할 수 없었을 것이다. 아무튼 스님은 천상세계 구석구석을 눈으로 보면서 세세히 들려주는 듯했다.
　이제 노트를 의지하여 스님이 설파한 천상세계의 특성을 살펴보자.

　"천상에 사는 사람에게는 누구에게나 다섯 가지 덕상이 있어요. 그것을 오덕상(五德相)이라고 해요.
　첫째, 몸에는 빛(광명)이 있지요. 아마도 심성이 밝기 때문이리라 봅니다.
　둘째, 머리에 쓴 화관의 꽃이 시들지 않아요. 항상 싱싱하고 새로워서 아름답기 그지없어요. 마치 천상 세계의 미를 단적으로 표현하듯이 말입니다.

셋째는 몸이 항상 깨끗해요. 물론 깨끗하기 때문에 몸에는 향기가 있을 테지요. 그 까닭은 천인의 몸에는 땀이 나지 않는답니다.

넷째, 입고 있는 의복이 항상 깨끗하여 늘 새 옷을 입고 있는 것과 같지요. 그 까닭은 의복에 때가 묻지 않기 때문입니다.

마지막 다섯 번째로 있는 곳이 항상 즐겁다는 것입니다. 안락한 세상, 근심 걱정이 없는 곳, 즐거움만 있는 세상, 오늘 내 말이 아니어도 지상의 사람이 천국을 그리워하는 이유 중에서 가장 큰 것이 바로 이 대목이 아닐까요? 아마도 괴로움이 없는 하늘나라를 인간들은 언제부터인가 동경하게 되었는데 바로 이 다섯 번째 소식이 지상으로 전해진 때문일 것입니다.

그러나 복된 천상에도 수명이 있답니다. 그 복연이 다하게 되면 오쇠상(五衰相)이 나타나는데 바로 오덕상의 반대라고 보면 됩니다. 그때는 천인들끼리 서로 위로하고 격려하기를 선취(善趣 = 인간 세상)로 가시오, 선취에 태어나서 선소득(善所得=佛法)하시오, 선소득하거든 선안립(善安立)하시오 하고 거듭 축원한답니다.

불자들의 수행은 천상에 태어나기 위함이 아니요, 천상마저 버리고 참으로 복된 세계를 가고자 함이니 어찌 작은 마음으로 그 수행이 성취되겠어요. 일반적으로 인간 세계에 살다가 복을 지어서 하늘에 태어나기만 해도 대단한 것으로 생각하는데 우리 불교는 하늘에 태어나는 걸 대단하게 생각하지 않아요. 하늘 높이 쏘아 올린 화살이 땅으로 떨어질 때는 땅속 깊이 박힌다고 오히려 천상에서 온갖 복을 다 누리다가 그 수명이 다하면 더 나쁜 곳으로 쏜살같이 떨어질 수도 있어요. 불교의 가르침은 삼계를 벗어남이요, 행·불행에서 초월하는 진정한 해탈도입니다."

나는 내가 살고 있는 도피안사 산 이름을 도솔산이라고 명명하였다. 작고 아담한 산이어서 특별한 이름이 없기도 했고, 또 이곳 안성은 유난히 미륵불상이 많기 때문이다. 골짜기마다, 산봉우리마다 일그러지고 팔 떨어지고 쓰러져 모로 누워 있는 미륵불상이 많다. 그래서 사람들은 이곳 안성을 미륵사상의 터전이었다고 곧잘 말한다. 그러나 이러한 이유보다 바로 스님으로부터 들은 천상 소식에 심취하고 매료되어서 나는 우리 산 이름을 도솔산으로 지었다.

아마도 스님이 바로 전생에 도솔천에서 왔을 것이라는 내 나름대로의 확신 때문이기도 했다. 이 땅에 새 불교를 열고 미래 세계의 인류를 구제할 반야바라밀의 깃발을 다시 세우기 위해 미륵의 화현으로 왔을 것이라는 순직한 나의 믿음, 바로 그것 때문에 나는 조금도 망설임 없이 도솔산으로 천하에 그 이름을 내세운 것이다.

가풍(家風)

스님은 제자들을 가르칠 때나, 신도들을 대할 때나 혹은 누구를 만나더라도 항상 청정심으로 대하여 표정이 온화했다. 그리고 말씨는 유순하여 한량없는 안락을 느끼게 했다.

잘못이 있는 사람이라도 손가락질하여 망신과 창피를 느끼게 하여 벼랑 끝으로 몰아가지 않았다. 스스로 자기를 성찰하여 옳고 그름을 판단하여 본인이 바로잡아 가도록 깨우쳐 인도했다.

그뿐만 아니라 지나간 잘못을 되뇌어서 선입관을 가지고 사람을 대하지 않았고, 미래를 점치지도 않았다.

스님은 마치 깨끗한 거울과 같아서 있는 그대로를 비추되 조금도 더하고 덜함이 없는 본래 모습을 드러내어서 스스로를 면밀하게 살펴보게 했다. 스님 자신의 거울을 통해 누구에게나 내포하고 있는 그만의 덕성을 거양해 주고, 인정해 주어 사람들로 하여금 진리의 힘이 무엇인가를 알게 해 주었다.

'너는 이러이러한 사람이다'라고 미리 규정하지 않고 늘상 새롭고 신선하게 대해 주어 비록 매일 만나는 가까운 사람들이라도 스님을 만나면 큰 힘을 얻게 하였다.

물론 이러한 방법은 시간도 오래 걸리고 시원하게 즉시에 처리되는 과단성은 없다. 하지만 인간을 소중히 하는 근본 입장에서 보면 더할 나위 없는 태도이고 올바른 신앙 자세임에는 틀림없다.

특히 수행자라면 반드시 이러한 입장에서 사람을 대하고 법을 펴 나가는 것이어야 하리라. 이것이 곧 스님의 가풍이었다.

스님은 늘 청정한 마음으로 살았기에 늘 새로웠고, 항상 청풍이 불어오는 듯했다. 그래서 스님 얼굴만 바라보아도 모든 고뇌가 사라져 버렸다.

간혹 일을 하면서 힘들 때가 있으면 스님에게 올라가서 하소연을 해야 되겠다고 스님 방문을 연다. 그러나 스님 얼굴을 보는 순간 근심, 걱정은 어디로 갔는지 종적이 없어진다.

스님 내면의 청정심의 현로가 일체 번뇌를 추방하고 편안한 안심으로 우리를 인도해 주는 것이다. 이러한 스님의 가풍은 편액이 되어 벽에 걸려 있는 것이 아니고, 어디든지 떨치는 스님의 법력이며 일상생활에서 스님의 진실한 마음이다.

보현행원송

일명 『행원품』으로 불리는 경의 원명은 『대방광불 화엄경 입부사의 해탈경계 보현행원품』이다. 스님은 일찍이 『행원품』을 한글로 번역하여 널리 대중들에게 수지 독송케 했다. 그리고 반야와 행원은 동전의 양면과 같아서 분리할 수 없다는 진리의 실천적 동일성을 주창하여 한국불교의 새 물줄기로 삼았다.

여기에서 한 걸음 더 나아가 보현행원 실천운동을 먼저 노래로 보급할 수 없을까 하고 생각하던 차에 당시 불광 마하보디 합창단 지휘자 박재완 선생의 소개로 작곡가 박범훈 씨를 만났다.

「보현행원송」에 대한 스님의 뜻을 즉석에서 기쁘게 받아들인 박범훈 씨의 열의와 정성으로 예정된 기간 내에 대작이 완성되었고, 불과 2개월 만에 노래 연습과 모든 준비를 마쳤다. 1992년 1월 말에 곡이 완성되어 4월 2일 발표했으니 말이다. 그 해 초파일 임시쯤 발표했으면 했는데 세종문화회관에 비는 날이 없었고, 그나마 요행으로 잡았던 것이 4월 2일이었다.

연습도 강행군이었고 준비도 강행군이었다. 연습은 박범훈, 박재완, 최숙희 씨가 맡았고 총괄적인 준비는 '보현행원송 발표 추진위원회'를 결성하여 내가 위원장을 맡아서 부위원장 자신 신영균 불자와 함께 밀어붙여 나갔다.

기간으로 따져보면 상당한 무리였는데도 성공적으로 발표할 수 있었던 것은 합창단원들과 불광 출판부 직원들의 헌신적인 동참 노력 덕분이었다.

5백여 명의 단원들이 일사불란하게 움직일 수 있는 것은 결코 쉬운 일이 아니었다. 그런데도 가능했던 것은 역시 단원들의 신심과 스님에 대한 존경심, 평소 교육시간을 통해 학습한 행원 사상의 이해 덕이었다. 물론 다른 요소도 많이 있었겠지만 꽤 많은 세월이 지나간 지금에도 뚜렷이 남는 것은 역시 그러한 것이다.

당시의 상황이야 다시 재론할 것도 없지만 얼마나 성공적이었나 하는 얘기는 나중에 어느 모임에서 들었다.

금산사 평상 스님이 선우도량 모임으로 실상사에서 만나 내게 들려 준 얘기다.

"「보현행원송」이 끝나고 기립박수를 천둥처럼 치고도 환희심이 수그러들지 않아 세종문화회관에서 시청 쪽으로 걸었어요. 어깨가 쫙 펴지고 출가 수행자가 된 이래 최고의 자부심을 느꼈다고나 할까요."

「보현행원송」 발표는 2부로 구성되었는데, 2부가 끝나고 스님의 인사 말씀이 있었다. 그때 나는 시 낭송 담당자로 무대에 올랐고, 마침 스님 곁에 서 있었다.

　스님 역시 말씀을 하면서 장삼자락이 흔들릴 정도로 감격하고 있었다. 가까이 서 있는 내가 그 진동을 느낄 정도였다.

　지금도 내가 잊을 수 없는 것은 세종회관을 가득 메운 관중들의 열렬한 환호성과 기립박수 소리가 아니라 바로 우리 스님의 그 감동이었다.

　「보현행원송」 발표가 있기까지 많은 우여곡절이 있었으나 그런 것은 이미 시간 속에 묻혀 버렸다. 그러나 묻히지 않는 것은 우리가 꿋꿋하게 난관을 이겨내고 마침내 성사시켜서 스님을 기쁘게 해 드렸다는 것이다.

　이제 남은 일은 보현행원송을 항상 부르고 각 법당마다 노래책을 보급하고 곳곳마다 행원 실천운동을 하는 일이다.

연 꽃

　나는 스님 곁에 살면서 내 나름대로 스님을 자세히 관찰했다. 마치 내 손바닥을 펴서 손금을 살펴보듯이 말이다.
　그리고 평소에 나는 사람은 누구나 자기 말에 책임을 져야 한다고 생각했다. 세간의 범정(凡情)도 말을 아끼고 이미 말이 되었으면 책임을 지고 신의를 앞세우는데, 하물며 무상도를 닦아 가는 사람들이 언행의 불일치를 보여서야 어찌 불조의 혜명을 계승했다고 말할 수 있으며, 또 닦아 가는 사람이라고 말할 수 있겠는가 하고 주장했다.
　그러기에 우리 스님은 끝까지 저잣거리에서 금생의 명을 마쳐야지 중간에 산으로 돌아가면 일상의 가르침과 평생의 뜻에 어긋난다고 역설했다.
　사람의 힘에는 한계가 있다. 육신을 가지고 있는 이상 그 한계를 벗어나기는 어려운 일이다. 대부분 사람들이 자기 한정과 자기 한계라는 틀 속에 안주하여 그 안에서 헤매고 끙끙거리다가 삶을 마감한다.

한계 밖의 소식을 펼쳐 보인다거나 드러내는 경우는 무척 드물다. 어쩌면 거의 없다 싶을 만큼 희귀한 일이기도 하다. 여기서 한계 밖이라고 하면 특별히 기특한 일을 말하는 것이 아니고 본래면목을 드러내는 것을 말한다. 도인이 밥 먹고 잠자고 사람 만나 얘기하며 그 속에서 항상 분명한 참 면목을 잃지 않아 우매하거나 어둡지 않음을 말한다고 하겠다.

수행은 이렇게 일상 속에서도 훤칠해야 되고 또 어느 때나 다르지 않아야 된다. 도인은 법상에 올라갔을 때 참 면목이 드러나는 것은 말할 필요도 없고 법상에서 내려왔을 때도 그와 같아야 한다.

평소 스님의 하루 생활은 세월이 흘러갈수록 앉아 있는 시간보다 누워 지내는 시간이 많았다. 누웠어도 편안하게 잠들거나 휴식을 취하는 것이 아니라 늘 고통스러워했다.

스님도 견문각지(見聞覺知)의 인간이었으니까 누군가가 당신의 고통을 좀 알아주었으면 하는 생각을 많이 했을지 모른다. 가까이는 아픈 육신을 만져주기도 하고, 위로하기도 하며, 내지 속마음을 알아주기를 바랐을지도 모른다.

또 스님이 시작해 놓은 여러 가지 불사를 누군가가 기쁘게 맡아서 헌신적으로 꾸려나갔으면 하는 생각을 얼마나 간절하게 희망하였을까. 각기 이 핑계 저 핑계를 가지고 개인의 주장만 했지 스님 입장에서 생각하고 판단하여 진정으로 스님의 편이 된 사람이 과연 누구였을까. 아무리 생각해 보아도 선뜻 대답이 떠오르지 않는다. 거의 주변 사람들이 스님을 이기려고만 했지 스님 편이 되려고 하지 않았다. 그러한 주변 정황들이 스님에게는 큰 고통이 되었을 것이다. 오히려 병고보다 더 괴로운 심고(心苦)가 주변 사람들의 교만과 독선에 의해 자행되었을지도 모른다. 스님은 그러한 육체적·정신적 고통 속에서 하루 하루를 이어나갔다.

그러나 그 가혹한 육체적·정신적 고통 속에서도 스님은 언제나 평화스러운 열정을 가졌고, 자애로운 마음을 유지했다. 이것은 평상의 생활 속에서 느낄 수 있는 스님의 본분이기도 했다.

나는 스님이 쓴 글을 대할 때면 여러 가지 생각이 한꺼번에 들었고, 무척 놀라웠다. 어떻게 이런 글이 나왔을까. 어디에서 이렇게 밝고 건강하고 우렁찬 함성이 높다란 산맥처럼 우뚝 솟아났을까. 저 아픈 스님의 육신 어디에서 조금도 그늘이 없고 아픈 흔적조차 없는 이 글이 숨어 있다가 나왔을까를 생각하면 실로 경탄과 존경을 금할 수 없었다.

대개 수행자들이 스승 곁에 오래 있으면 아쉬움도 있고 섭섭함도 생긴다고 하지만 나의 경우에는 스님 곁에 오래 있으면 있을수록 이마가 땅에 붙어서 떨어지지 않았다.

바로 그 점 때문이리라. 병에 물들지 않는 천연의 모습. 고통에 좌우되지 않는 본래의 모습을 스님은 잘 보여 주었다. 법상에서 말씀하는 대로 일상에서도 똑같이 남김없이 보여 주었다.

이와 같이 평소 삶을 통한 일상사의 설법은 언제나 여여했고 분명하여 한 점 의혹도 없던 우리 스님, 나는 그런 스님을 늘 연꽃 같다고 생각했다. 진흙 속에서도 밝고 곱게 피어나는 처염상정(處染常淨)의 연꽃. 연꽃이야말로 가장 짧게, 최적의 표현으로서 부를 수 있는 스님의 또 다른 이름이 아니었던가.

수행자의 근본은 하심이야

 어느 절이건, 특히 역사가 깊은 절일수록 창건 설화가 많다. 절 짓는 것은 시대는 각기 달라도 인심은 같기 때문일까.
 이곳 도솔산을 처음 열어 도피안사를 지을 때도 역시 이야기가 많다. 지금 자세한 이야기를 하게 되면 아직 당사자들의 이해가 엇갈릴 수 있기 때문에 다른 건 우선 묻어 두기로 한다.
 스님도 내가 땅을 구입한 이곳 도솔산을 절 짓기 전에 다녀갔고, 그 이후로는 나를 산주라고 불러 주었다.
 처음 땅을 매입하여 땅을 고르고 우선 조립식 법당과 요사를 지어서 절 이름을 큰 길에 내걸었다. 그때 점안식과 봉불식을 스님이 직접 집전했고, 지홍 스님이 염불을 맡았다. 형제들로는 정암, 지성 스님이 와서 자리를 함께 한 정도였다.
 일을 하다가 보면 규모가 줄어들기보다는 조금이라도 커지는 것이 정해진 이치인지, 도피안사 창건 공사도 당초 예상보다 자꾸만 커져

갔다. 급기야는 불광사에 도움을 요청하게 되었고, 그 결과는 불광사의 소임자가 떠나게 되는 일로 확대되었다.

정확히 말하면 1992년 음력 7월 15일 백중날이었다. 점심을 먹고 가만히 앉아 있는데 아무 연락도 없이 스님이 내려왔다. 보성 거사가 운전을 하고 혜하 거사가 수행했다. 나는 스님을 적광당으로 모셨다.

주변을 물리치고 난 뒤 스님이 한참 동안 묵묵히 나를 바라보았다. 뭔가 중대한 말씀이 있을 것 같은 분위기였다. 한동안의 침묵이 있고 난 뒤 스님은 무겁게 입을 열었다.

"송암! 내 말 잘 들어야 해. 침착하게 내가 지금 하는 말을 깊이 생각해 봐! 지금 송암 수좌가 여기서 1,000일 기도하는 것도 중요한 일이지만 불광사를 지키는 일은 더 중요해. 그러니 나를 따라서 서울로 올라가도록 해."

"저 말고도 다른 사형들이 있지 않습니까?"

"말해 보았어."

나는 그때 가만히 생각해 보았다. 나는 사실 「보현행원송」을 끝내고 몹시 지쳐 있었다. 내가 좀 미련한 데가 있어서 일을 끝내기는 했지만 성사되기까지 과정은 차마 말못할 사정으로 입에 담기조차 싫은 일로 무척 힘들었다. 그 모두를 떠나서 조용히 1,000일 기도를 준비중이었는데 뜻밖의 일이 생긴 것이다. 불광사에서 불사금을 지원해 준 덕분에 불사에 대한 부담도 없고, 이제는 한결같이 공부만 하면 되었다. 스님과 나는 한동안 말없이 묵연히 앉아 있었다.

그러자 스님은 말할 수 없는 속 깊은 심정까지 피력하면서 거듭 내게 요청했다. 그 특별한 스님 말씀을 듣고 나는 더욱 고뇌했다. 그리고 가만히 생각해 보니 병중에 계신 스승이 몸소 상좌가 있는 곳까지 거동해서 간곡하게 부탁하는데 차마 인정상 도리상 거절할 엄두가 나지 않았다. 스님을 빈손으로 가게 할 수가 없었다. 한참 시간이 흐른 뒤 나는 스님께 약속을 올렸다.

"스님 분부대로 따르겠습니다."

이렇게 되어서 몸 아프신 스님은 도피안사로 내려오고, 젊은 나는 서울 불광사로 다시 올라가게 되었다. 불광사 소임으로 서울로 가긴 했어도 내가 책임을 맡아 주지로 있는 도피안사를 그냥 적적하게 둘 수가 없어서 서울에 살며 한 달에 한 번씩 공식적으로 내려와 법회를 열었다. 그 법회를 보현법회라고 불렀다.

1992년 12월 1일, 보현법회를 마치고 서울로 가려고 하는데 내원(적광당)에 계시던 스님이 나를 불러 세웠다.

"송암이가 불광사에 살면서 꼭 명심해야 될 세 가지를 말해 준다. 첫째는 하심이요., 둘째는 인욕이요., 셋째는 감사다. 알았지?"

솔직히 고백하여 그때 당시에는 스님의 가르침을 크게 느끼지 못했다. 그 뒤 온갖 곡절을 고통스럽게 겪고 세월이 한동안 지난 뒤에서야 스님의 말씀이 내 마음속에서 다시 돋아나 자라기 시작했다.

그때서야 스님이 쓴 책을 열어보니 하심에 대한 자세한 내용이 책 곳곳에 들어 있었다.

"수행자의 근본은 하심이다. 하심이 없으면 법이 보이지 않고 법을 놓치게 되며 어두운 사람이 되고 만다.

수행자가 서 있는 토대는 인욕이다. 인욕이 없으면 무엇 하나도 이루지 못한다. 깨달음도 얻을 수 없게 되고 만다.

수행자의 생명은 감사다. 감사가 없으면 보은이 없기 때문이다."

법에도 빠르고 늦은 시절 인연이 있는 것일까. 들은 지는 오래 됐어도 느낌은 이제 왔으니 말이다. 스님이 체험에서 얻은 진리를 내 손에 꼭 쥐어 주었는데도 미욱한 상좌는 알아듣지 못했다. 역시 미련하고 어리석은 것은 가장 큰 죄에 해당된다는 사실을 이제야 또 깨닫게 되었다. 만시지탄은 못난이의 애창곡이라지만 정말 그만 부르고 싶다.

10

내가 죽고 없더라도

스님의 회상 그리고 유언

스님은 동산(東山) 스님의 상좌로 불가에 입문했다.
그러다 보니 스님은 항상 동산 노스님의 사진을 머리맡에 모셨다.
뿐만 아니라 스님은 주야로 당신의 스승을 모시고 우러러보면서 하루하루를 열어갔다.
해마다 돌아오는 동산 노스님의 기일에는 그 정성이 이루 말할 수가 없었다.
노스님의 영정 앞에 요지부동으로 앉아 있는 스님의 모습이 그렇게 간절하고 절실할 수가 없었다.

내가 죽고 없더라도

　조상 섬기는 일에 스님의 정성은 남달랐다.
　평소 어른들에 대한 예의가 깍듯하기로 소문날 정도였지만 돌아가신 조상님들에 대한 정성도 여간 아니었다. 스님의 그런 모습을 가까이 보면서 우리 시자들은 느낌이 많았다.
　스님 속가는 스님의 출가로 말미암아 대가 끊어지고 말았다. 스님이 독자이기 때문이다. 그런 까닭에 스님의 부모님 기일이 다가오면 스님이 손수 제수를 정성껏 준비한다. 당일이 되면 몸을 깨끗이 하고 시식을 베풀어 돌아가신 부모님에게 밝은 눈을 일깨워 드렸다. 그 모습이 어찌나 진중하고 은근한지 모른다.
　뿐만 아니라 출가한 스님들의 기일도 정성껏 챙겼다. 스님이 몸이 불편한 관계로 내게 옹사(翁師)이신 동산(東山) 대종사의 기일도 불광사에서 모셨다. 생전에 노스님께서 좋아하셨다는 상추를 수북하게 발우에 담아 올리고, 성철 스님께서 용성 조사 기일을 위해 지으셨다는 의식문을 우리가 염불하면 스님은 시종일관 무릎을 꿇고 노스님 진영 앞에 앉아 있었다. 그 숙연한 모습은 생전에 노스님을 모신 정성을 짐작하게 했다.

또 스님은 소천 스님과 호산 스님의 기제도 특별하게 모셨다. 살아 있는 분을 가까이서 모시는 듯 받들어 올리는 스님의 정성은 어느 때나 지극했고 새로웠다.

조상님과 선지식을 섬기고 받드는 일을 말씀으로 강조하는 것보다 그와 같은 스님의 행을 직접 보고 느끼는 차이는 감히 필설이 따르지 못한다.

일반적으로 출가 사문이 영단 예절을 차릴 때는 가사를 벗는데 스님은 가사를 수한 채 그대로 절을 할 때도 있었다. 한해 한해 연세가 들면서 달라진 변화였다. 출가 사문이 걸어가는 길이 동일 생명의 길이라면 구태여 조상님에게 절을 아낄 필요가 따로 있으며, 가사를 벗어야 될 특별함을 가져야 될까.

평소에 율장에 많은 관심을 두고 설법 때도 부처님 말씀에 의거하여 스스로의 일탈을 엄격히 규제했던 스님이 개인적인 생각에서나 적당한 얼버무림에서 취한 행이 아니었을 것이다.

지금도 스님이 직접 쓴 당신 부모님의 축원문을 내가 간직하고 있다. 그때의 말씀이 다시 떠오른다.

"내가 죽고 없더라도 너희들이 우리 부모님을 위해서 해마다 기제를 올려다오. 꼭 부탁한다."

당시에는 얼떨결에 건성으로 또는 의례적으로 대답했지만 세월이 흘러갈수록 스님의 말씀이 더욱 역력해진다.

기장 미역이 먹고 싶어

기장 앞바다에 죽도라는 섬이 있다. 한때 그 섬에서 정진했던 스님은 이따금 기장 앞바다에서 나는 미역 맛을 그리워했다. 도인이나 큰스님도 맛에 취하여 좋고 싫음이 있을까 처음엔 의아해 했다.

"그때 기장 포교당에서 정진을 열심히 하려고 각오를 단단히 했지. 물론 일과 시간을 딱 정해 놓고 빈틈없이 살아가는 것은 말할 것도 없었어. 저녁밥도 먹지 않기로 했어. 100일 동안 목숨 걸고 정진에 정진을 거듭하기로 했는데 처음부터 욕심이 너무 커서 무리가 되었던가 봐. 원래 계획은 100일 동안 밤잠 안 자고 주야로 화두를 붙들고 죽든지 살든지 결판을 내기로 했는데 결과적으로는 20일밖에 하지를 못했어.

잠이 올까 싶어서 정진하는 방에 일체 불을 때지 않고 냉방에서 지냈거든. 그랬더니 연속해서 소변이 나오는데 어찌해 볼 도리가 없더라구. 저녁을 먹지 않고 앉아 있으면, 한밤중이 되면 허리가 확 접혀서 기력이 살아나지를 않아.

 이 다음에 송암도 공부할 때 반드시 세 끼니를 거르지 말고 먹어야 해. 다만 많이 먹지 않는 것이 중요한 것이지 안 먹는 것이 능사가 아니야. 나는 그때 이빨이 솟아서 평생 치아 때문에 고생한 것은 이루 말할 수 없어. 내가 모두 어리석어서 그렇게 된 거야. 그러나 그 당시 공부에 대한 마음은 열렬했고 정진은 악바리처럼 기를 쓰고 목숨 걸고 덤벼들었었지."

 스님의 목소리는 또렷하고 천천히 글 읽듯이 옛날을 짚어갔는데 이야기 내용은 스님의 한창 젊은 시절, 구도의 정열을 태웠던 불길이었다. 그처럼 기장 시절이 하도 혹독해서 그때 맛보았던 미역 맛이 두고두고 그리웠던가 보다.

회상(1) - 스승의 은혜

스님은 오랜 병고로 누워 지내는 시간이 많다 보니 그때그때 떠오르는 일을 유언처럼 얘기한 부분이 많았다.

내 기록에 '1991년 7월 29일 10시 50분 법주 스님 방. 지암 동석'이라고 적혀 있다.

그날도 스님은 지나온 삶을 회상하며 누워서 구술했다.

"돌아보면 나약한 인생이었다. 무엇을 어떻게 결정하고 선택한 군건한 의지보다 환경이 바뀌는 대로 주어지는 대로 살아오고 생활하였으니 말이다. 처음 절(범어사)에 가서 머리를 깎고 사중 일이나 종단 일을 보면서도 특별히 무슨 계획을 가진 것이 아니었다.

마침내 불광(월간지와 법회)을 하고 오늘 여기 이렇게 병들어 누워 있는 날까지 대책을 세우거나 사전의 준비보다는 바뀌어가고 흘러가는 대로 살아왔다고 해야 좋을 것이다."

나는 여기까지 스님의 회고를 들으면서 좀더 굳건하게 살지 못한 아쉬움을 간직하고 있는 스님의 회한을 느꼈다. 스님의 성품은 늘 자애로웠기 때문에 다른 사람들의 어려움이나 아픔을 외면하지 못했을 테고, 남의 부탁을 흘려들은 적이 없으니 어찌 스님 일신만의 계획만 옹골차게 가질 수가 있었을까.

"그러나 좋게 이야기한다면 부처님께서 인도하시고 가호해 주셨다고 말해도 될 거야. 더욱 절에 와서 머리를 깎고 지금까지 살아온 것을 돌아보면 모두가 부처님께서 인도하신 까닭이라고 굳게 믿지. 비록 내가 준비된 계획 없이 살다가 지금은 건강이 못 따라서 모든 일에 흐지부지 손을 놓게 되었으나, 살아온 경험으로 미루어 본다면 반드시 부처님의 인도를 통해서만이 일이 이루어져.
　이런 점에서 내 출가 생활을 돌이켜 보면 먼저 범어사 노장님(東山老師) 은혜가 막중해. 무엇으로도 비유해서 말하지 못해."

동산 노스님 얘기만 나오면 스님의 얼굴은 금세 붉어지고 목소리는 더욱 간절해진다. 마치 그 당시 스승 밑에서 지내던 젊은 시절을 그리워하는지 스님의 눈빛은 한곳에 머물렀다. 또한 스님도 노스님 시봉에 대한 아쉬움도 있고 뉘우침도 있었으리라.
　사람에게 효행과 정성에 한계가 있을 수 없다. 아무리 잘 한다고 했어도 부족함은 남는 법. 어찌 스님도 불효를 느낀 적이 없었을까. 그러기에 더욱 그립고 사모하는 정이 두고두고 남아 있는지 모르겠다.

나는 숨소리도 크게 내지 못하고 스님의 한마디 한마디에 모든 정신을 쏟았다.

평소 스님 방에는 자주 읽는 경전들이 한쪽 벽을 메우고, 머리맡에는 노스님(東山 老師)께서 범어사 불사리탑(원래 대웅전 오른쪽에 있었다.) 앞에서 주장자를 들고 가사장삼을 수하고 찍으신 사진을 모셨다. 주야로 스승을 모시고 우러러 보면서 하루하루를 열어 가는 스님의 삶은 언제나 변함 없었다. 들고 날 때마다 꼭 동산 노스님께 여쭈는 듯했다.

내가 누구에겐가 들은 얘기로는 노스님 생전에 스님의 효행은 남달랐다고 한다. 명석한 판단과 가벼운 몸놀림으로 노스님의 손발이 되어 드렸고, 노스님은 그러한 스님을 또한 무척 아끼고 보살폈다고 했다. 그래서일까. 해마다 돌아오는 노스님의 기일에는 그 정성이 이루 말할 수가 없었다.

노스님의 영정 앞에 요지부동으로 앉아 있는 우리 스님의 모습은 내가 보기에도 그렇게 간절하고 절실할 수가 없었다. 마치 스님의 지극한 정성에 산천초목도 감동할 것 같았다.

회상(2) - 고마운 분들

스님의 회상은 계속되었다.

"그리고 범어사, 금정사 대중들의 은혜가 또한 크다. 나를 특별히 인정하고 대해준 그 은혜를 헤아릴 길이 없어.

당시에 내가 범어사에 가면서 석 달치 먹을 양식(쌀)만 가지고 갔는데도 그 이후에는 양식을 내지 않고도 살도록 허락해 주었지. 그랬을 뿐만 아니라 오히려 더 잘 보살펴 주셨어. 그때 고마웠던 스님들이 많지만 그 가운데도 지효 사형, 호산 사형, 경산 스님, 덕암 스님, 지월 스님, 보봉 스님 등이 계셨어. 잘 적어 둬."

그렇게 헤아리다가 스님은 또 빠뜨린 분을 생각하고는 얼른 적으라고 했다.

"참 그렇지. 통도사 월하 스님, 벽안 스님의 고마움도 컸어."

쉬엄쉬엄 이어가는 옛 이야기에는 인간에 대한 그리움과 신뢰가 가득 들어 있었다. 한 노인의 지나간 삶을 통해 한때의 시절을 그리워하는 추억이 아니었다. 인간에 대한 줄기찬 믿음과 덕성에 대한 보현행자의 찬탄가였다.

나는 언젠가 스님의 심부름으로 그 동안 불광출판부에서 간행했던 책을 종류별로 한 권씩 챙겨서 부산 온천장에 있는 금정사에 갖다 주고 온 적이 있다. 스님이 젊은 시절 금정사에서 책 한 권을 빌려왔다가 돌려주지 못했다고 늘 아쉬워 하길래 내가 말씀드린 대안이었다. 남의 신세를 지고 못 사는 결벽한 성정 때문이 아니라 고마움을 잊지 못하는 따뜻한 스님의 인간성이 항상 신뢰를 키워갔던 것이다.

책 한 권을 통해서 스님의 인간성이 모두 노출되었는데 하물며 직접 도움을 받고 고마움을 느끼고, 서로 바라볼 수 있는 인간과 인간의 대면 앞에서 더 이상 무슨 말이 필요하겠는가.

나는 가까이서 스님의 이러한 인간애를 보았고, 닮으려고 노력했다. 내 눈에는 스님의 자애로움이 스님의 가장 큰 도력으로 보였다.

사랑과 미움으로 이루어진 인간의 정으로는 파도가 있고 기복이 있게 마련이다. 그러나 인간의 불성을 믿고 덕성으로 불심을 보는 자비의 정은 오직 영원할 뿐이다. 몸은 바꾸기도 하지만 뜻은 바꾸지 않는다. 그 영원한 자비의 물결은 이렇게 아래로 아래로 끝없이 파도쳐 갈 뿐이다.

물위를 걷고 허공을 새처럼 날아다닌다 하더라도 그것이 과연 어떤 감동을 줄까. 아마 두려움을 느낄지 모른다. 비록 몸이 아파 병상에 누워서 신음소리를 쉬지 않았어도 그 눈빛에는 인간에 대한 신뢰가 서려 있고, 그 목소리에 자애가 가득히 울려 퍼지는 스님 앞에서 나는 조용히 떨면서 고개를 숙였다.

스님의 말씀의 끝은 당부이고 부탁이었다.

"후일 너희들이 그 분네들을 만나면 잘해 드리고 각별하게 모셔주길 바란다. 알았지?"

회상(3) - 범어사 선방의 도반들

스님의 이십대 중반 시절.

비록 나라는 간난의 위기에 처하고 현실은 온갖 고뇌로 가득 찼던 때였지만 그래도 젊은 수행자들에게는 희망이 있고, 용기가 있었다. 모이면 곧잘 가슴을 열고 불길을 당겼으며 더러는 자연을 찬미하고 중생 제도를 외쳤다. 당시 스님의 선배, 도반들에 대해서는 이렇게 입을 떼었다.

"젊은 도반으로는 도륜 스님, 화엄 스님 등과 친하게 지냈지. 때로는 금정산 구석구석을 두루 다니고 범어사 뒤 계곡을 안 가본 데가 없이 헤매다녔지. 그때 큰 절 선방 원주를 도광 스님이 맡고 나는 재무를 했는데 서로 의기투합하여 참 잘 살았어.

한번은 선방 돈을 다른 용도로 몰래 쓴 적이 있었지. 그때 같이 공부하던 도반이 군대 문제로 구금되어 있는 것을 해결하느라고 돈을 좀 갖다 썼지. 그렇지만 결국에는 아무리 생각해도 부처님 재산을 함부로 쓴 게 옳지 않다는 생각으로 마음이 불편하여 견딜 수가 없었어. 나중에 아무도 몰래 도로 채워 놓았다. 물론 처음에 쓸 때도 용도변경으로 썼으니까 대중이 알 턱이 없었기에 채워 놓을 때도 몰래 원상복구를 했어.

참 돌아가신 경덕 스님과도 무척 친하게 지냈고, 청하 스님은 나와 동갑이고 지유 스님은 한국전쟁 때 내려왔고, 일타·홍법 스님들도 뜻이 높았어. 송암, 잘 적고 있지?"

나는 스님의 회상을 주의 깊게 들으면서 잠시도 쉬지 않고 기록했다. 마치 속기사처럼 거의 그대로 옮겨 적었다. 그런 연속적인 작업 속에서도 언뜻 뇌리를 스치는 생각은 인생의 비교였다.

'나한테는 과연 뜻 높은 도반이 있는가. 있다면 얼마나 되며 진실성은 어느 정도가 될까.'

이런 상념이 번개치듯 내 머리를 스쳐 지나갔다.

나는 스님의 도반들이 부러웠다. 도의 문중에서 좋은 도반들은 도의 전부라고 해도 될 튼튼한 울타리다. 소중한 의지처며 선지식이 아닌가.

스님에게는 정말 값있는 시절이었다. 뜻도 높고 건강도 좋았으며 밤새 얘기할 벗들이 있었다. 모두가 스님을 인정하고 위해 주는 따뜻한 분위기 속에서 인생의 중요성과 불법의 참 가치를 터득해 가던 때였다.

나는 불편한 몸으로 누워 있는 스님의 눈빛 속에서 그때의 뜻을 찾았고, 스님은 또 감추려고 하지 않았다.

　바로 젊은 시절 가슴에 담은 뜻이 그대로 눈빛을 통해 흘러나왔다. 몸이 쇠하거나 병들었다고 해서 가슴속에 간직된 열렬한 서원이 줄어들거나 손상되지 않은 것이다. 정말 삶이 무엇인지, 뜻이 무엇인지, 인간이 무엇인지가 병들어 신음하는 스님의 목소리와 표정에 다 담겨 있었다.

회상(4) - 고백

범어사 청풍당의 그 당시 분위기는 매우 특별했다. 조실 스님을 비롯하여 대중 모두가 고 처사(高 處士)에게는 친절하게 대했기 때문이다.(스님은 처사의 신분으로 선방 생활을 시작했다. 스님의 속가 성이 고씨이므로 고 처사라고 불렀다.) 처사를 선방에 들인 것도 특별 대우이고, 친절하게 지도하고 감싸주는 것도 특별 대우였다.

스님의 처음 소임은 대중들 목욕물 데우는 정통(淨桶)을 맡았고, 틈나는 대로 채소를 가꾸고 땔나무도 했다. 또한 조실 스님의 잔심부름을 도맡았다. 그런 식으로 잠시도 쉬지 않고 열정적으로 살았다.

나는 얘기를 들으면서 줄곧 스님의 표정에서 눈을 떼지 못했다. 인생의 황금기인 이십대 중반, 그때를 돌아보는 스님의 감회가 주마등처럼 얼굴에 나타났다가 사라지곤 했다.

사람은 그리움을 간직하며 산다고 했고, 그러기에 누구나 한두 가지의 그리움쯤은 가슴에 담아두고 있을 것이다. 그런데 출가 수행자들에게는 무슨 그리움이 있으며 스님에게는 어떤 그리움이 가슴에 담겨 있을까.

아마도 범어사 시절 노스님 회하에서 지내던 청춘 시절, 도를 이루겠다고 발분 정진하며 죽음까지도 사양치 않던 용기 있던 시절의 삶이 아니었을까?

그 당시 스님의 선방 생활은 수행자들의 모범이 되었을 뿐만 아니라 그 누구도 흉내낼 수 없는 불덩어리였다. 이런 고 처사의 소문이 널리 퍼져 제방의 선원에서도 한결같이 스님에게 호의와 관심을 가졌다. 심지어 포공 스님 같은 분은 범어사 청풍당의 고 처사를 모르면 선방 수좌가 아니라고까지 말했다고 한다. 이로써 스님의 정진이 얼마나 열렬했는지 어렵지 않게 짐작해 볼 수 있다.

그 당시(50년대)만 해도 스님들은 사회법에 어둡고 세상 경험이 적던 때라 관청에서 처리해야 하는 대소사는 으레 스님이 도맡았다. 또 대중들은 스님만 믿고 생활했다고 한다. 스님들 개개인의 병적 사항, 즉 입대 보류·연기·고침(어수선한 시절이므로 기록이 잘못된 게 많았는데 스님이 나서서 이 오류를 바로잡아 주었다.) 등 숱한 일을 백방으로 뛰어다니면서 모두 처리해 주었으니 대중들에게는 더없이 고마운 존재였을 것이다.

봉사를 하거나 도움을 베풀어도 거기에 대한 자만을 갖거나 상대방이 대접해 주기를 바라지도 않았다. 바라기는커녕 선방 대중이 삼경이 되어 모두 잠자리에 들면 소리 없이 댓돌에 놓여 있는 신발을 깨끗이 씻어서 가지런히 갖다 놓았다. 남이 하기 싫어하는 궂은 일을 도맡아 처리하는 보살심의 소유자였다고들 말한다.

회상(5) - 수계 인연

긴 시간 스님의 말씀이 이어졌다.

"나는 범어사로 내려간 지 거의 1년이 되어갈 때 5계를 받았다. 1951년 칠월 칠석 때 노장님(東山 老師)으로부터 계를 받았는데 사실은 사미계였어. 수계 의식 마지막 부분에 가면 계 받는 사람이 다짐하는 대목이 있는데 거기에서 '수십계(受十戒)'라고 큰소리로 복창해야 하거든. 그런데 나는 '수오계(受五戒)'라고 외쳤어. 그때 노장님께서 다시 하라고 말씀이 있으셨으면 그렇게 했을 테지만 아무 말씀이 없으셔서 그대로 오계(五戒)가 되고 말았어.

그때 어떤 사미니와 같이 계를 받았다. 동헌 스님의 제자 도원 스님이 있는데, 그 도원 스님의 어머니가 늦게 출가를 하여 사미니계를 같이 받고 이름을 만우(晚雨)라고 하였지. 나중에 너희들이 그 분들 뵙거든 잘 모시고 은혜를 갚아라."

나는 기록에 정신이 팔려서 그만 중요한 것을 놓치고 말았다. 왜 스님이 '수오계'라고 외쳤는지 그 이유를 여쭈었어야 하는데, 동헌·도원·만우로 이어지는 법명을 적는 게 바빠 그냥 넘어가 버렸다. 지금에 와서 스님의 그 당시 심정을 헤아려 보지만 도저히 알 길이 없다.

아마도 스님 나름의 특별한 생각이 있었을 것이라고 짐작은 하지만 아무래도 내 짐작만 가지고는 우리들에게 교훈이 될 수 없고, 스님의 올곧은 성정을 바로 알 길이 없다.

나는 스님의 이런 고백을 듣고 옮겨 적으면서 다소 비감한 분위기를 감지했다. 마치 후사를 부탁하는 것 같기도 하고, 무슨 유언을 내리는 것 같기도 했기 때문이다.

평생 도의 문중에서 오직 진리를 위해 모든 것을 다 바친 한 노사의 인생 고백. 지금 이 글을 써 가면서 내겐 후회도 많고 탄식도 많다. 왜 그 당시에 좀더 많은 내용을 채록해 놓지 못했을까.

또 체계적으로 하나하나 역사를 기술하듯이 상세하게 기록하지 못했을까를 생각하면 아쉽기가 이루 말할 수가 없다.

'일상의 삶은 가장 큰 설법'이라는 신념을 갖고 있었는데도 나는 기록하는 일에 소홀했다. 특히 받아 적는 일에만 바빠 질문하는 일을 등한시하였다. 그러다 보니 스님의 생각을 온전히 전할 수가 없게 된 것이다. 이제야 미욱한 내 자신을 탓한다. 노트 한 구석에 보니 이런 말씀도 적혀 있다.

"가야사 혜원 스님, 금용암 덕윤 스님, 석정 스님께도 잘해 드려야 한다. 잘 적어 둬."

회상(6) - 금정사의 법열(法悅)

갑자기 떠오른 듯이 수계 이야기 끝에 스님 도반들 부탁을 했다. 그리고 다시 차분히 말씀을 계속했다.

"이것 봐! 금정사 신세도 컸어. 금정사에는 1954년 봄부터 생활했구나. 금정사 오기 전 미륵암에서 120일 기도를 했지. 그때 20일 간은 전혀 잠을 자지 않고 용맹정진을 하여 정신은 쇠락하고 한없이 담담하고 기뻤지만 몸은 많이 지치고 병이 들어 있었어.

그때 금정사에 무불, 석주, 동헌, 장수, 담연(강원도 장성 분이었고 한쪽 눈이 아팠는데도 금정사 원주 소임을 보았음) 스님들이 나를 반겼고 보살펴 주셨던 고마운 분들이셨어.

금정사에서 몸을 좀 쉬면서도 공부는 계속했던 거야.

어느 봄날이었지. 마루턱에 앉아서 앞산을 건너다보는데 문득 한 경계가 훌쩍 열려 대경(對境)이 모두 달라졌지. 그때 무척 기쁘고 한

없는 감흥에 빠져들었어."

아쉽게도 이 대목은 여기가 끝이다.

이제 나는 가슴을 치면서 또 탄식한다. 내가 조금만 더 명민했다면 그때의 자세한 내막을 더 묻고 기록하여 소홀함이 없었을 텐데 그만 주마간산이 되고 말았다. 정신을 똑바로 차렸더라면 그 후의 공부를 구체적으로 질문했을 터이고, 혹시 글로 표현한 구절이라도 있느냐고 여쭈었을 터인데 그만 바보짓을 하고 말았다. 바보처럼 말씀을 뚜벅뚜벅 받아 적기만 했다. 생각 없는 로봇처럼 말이다. 지금 와서 아무리 가슴을 두드린들 무엇이 나올까, 들려올까, 느낄 수 있을까. 어리석음은 삼독 가운데 으뜸임을 또 절감한다.

스님은 겸손하여 주변 사람들에게 자랑하는 것을 보지 못했다. 특히 공부하여 득력한 이야기는 더더욱 피한 분이었는데 이야기 끝에 금정사에서의 체험을 처음으로 밝힌 것이었다.

나는 지금도 그때 당시 스님이 말씀할 때의 분위기를 잊지 못하고 있다. 너무나 진지해서 도저히 스님의 말허리를 자르고 들어갈 틈도 없었다. 이제 와서 기록이라는 방식을 취하다 보니 탄식도 나오지만 당시로서는 스님의 법력만이 방안에 가득했고, 숨소리마저 사라져 버린 정적의 시간이었다.

스님은 잔잔하게 그리고 거의 완전한 기억으로 구술했다.

"1954년 여름에 정법성(김정희) 보살 부친이 금정사 옆산이 그네들 땅이어서 둘러보러 왔다가 나를 만나게 되어서 서로 이야기를 주고

받았어. 그때 거사님이 문득 제안하기를, 우리 집 사랑채에 사람들을 모아 놓을 테니 스님이 오셔서 법문을 해 주십시오.

이렇게 해서 시작된 내 생애 최초의 가정법회가 1955년 여름(8월)까지 꼬박 1년 동안 열심히 그리고 순수하게 열렸어."

아마도 스님 오도 후 첫 법문이 이때 이루어지지 않았을까 짐작해 본다.

나중에 불광을 만들어 지역마다 법등 가족모임을 시작한 것도 알고 보면 이때의 경험을 토대로 하여 스님이 더욱 체계화하여 일으킨 불교 신앙 운동이 아니었는지 모르겠다.

지금은 사찰마다 지역법회를 많이 하고 있다. 이 분야에서는 스님이 선구자였고, 물론 그 근원은 부처님이셨다. 부처님께서 신도 집에 초대받아서 공양 받으시고 난 뒤 거기 모인 대중들에게 설법하셨으니 말이다.

혹시 부득이한 일이 있어 스님이 직접 못 가면 다른 스님이 대신 갔어도, 빠짐없이 철저히 법회를 했다는 이야기를 정법성 보살로부터 여러 차례 들은 기억이 있다.

회상(7) - 소천 노화상

　스님과 소천 노화상의 만남은 참으로 뜻깊은 인연을 이루었다. 물론 여기서 말하고자 하는 소천 노화상에 대한 얘기는 대부분 스님으로부터 직접 들은 것이다. 나로서는 스님의 설명이나 고백을 통해서 두 분의 만남을 짐작할 뿐이다.

　스님이 중년에 접어들면서 일대전환을 일으켜 종단의 모든 일에서 손을 떼고, 오직 새 불교운동에 투신하게 된 사상적 동기는 스님 출가 초기에 접했던 소천 노화상의 영향 때문이었다. 내가 직접 소천 노화상의 금강경 법문을 들어 보지는 못했어도 여러 사람들의 얘기를 전해 듣는 것으로도 얼마나 대단한 분이었던가를 짐작할 만하다. 그래서 내게도 소천 노화상에 대한 큰 믿음이 있다. 그러한 소천 노화상의 반야사상을 이어받은 분이 바로 우리 스님이라는 것을 사람들은 이구동성으로 말했다.

　스님은 불광사를 이루기 전 대각사 시절의 설법이나 아니면 불광사 초창기의 법문 중 대부분은 소천 노화상의 사상을 인용하거나 덧붙여 설명해 가는 형식을 취했다.

스님과 소천 노화상의 만남이야말로 빛나는 한국불교의 새 물줄기를 이루어냈다. 스님께 소천 노화상의 존재는 참으로 은혜로웠고, 소천 노화상께 스님은 지극히 다행스러운 행운이었다. 두 분은 출가자로 만나 서로 밀접해졌고, 내심 주고받은 말 이전의 공감대로 새로운 불교운동을 열어 놓았던 것이다.

스님은 평생 두 분의 스님을 모시고 살았다. 육신을 가누지 못할 정도로 병고의 고통을 당하면서도 머리맡에는 동산 노스님과 소천 노화상의 진영을 모셔 두었다. 그뿐만 아니라 해마다 돌아오는 기일에는 어김없이 기제를 드렸고, 우리에게 정성스럽게 준비하도록 사전에 이르곤 했다. 기젯날에는 병석에서 일어나 머리 깎고 목욕하고 새 옷까지 갈아입고서 사뭇 정결한 모습으로 살아 생전에 친존(親尊)을 모시듯 겸손히 예배하였다.

노인이 된 스님이 노약하고 병약한 몸을 간신히 움직여 옛 스승들께 일배 일배 절을 올리는 광경을 바라보자면 언제나 눈시울이 뜨거웠다.

11

온 세상이 텅 빈 것 같아

나, 죽는 몸이 아니야

수십 년 전 행자가 되어 처음 이 절에 왔을 때,
사내 전 대중이 모여 올리는 새벽 예불이 하도 좋아서 잠도 안자고
도량을 서성거렸던 때가 문득 떠올랐다. 그때도 지금처럼 달이 밝았다.
그때는 달빛 아래서 기쁨으로, 환희로 도량을 서성거렸는데,
오늘은 내 인생에서 가장 슬프고 침통해서 이 도량을 서성거리고 있지 않은가.
인생은 이렇게 흘러가는 것인가.
나는 넋 나간 사람처럼 비틀거리며 간신히 스님 앞에 엎드렸다.
절하고 절하고, 다시 절하고 스님 영정을 우러르면서 스님을 생각했다.
금방이라도 힘든 몸을 돌려가며 "나 좀 일으켜다오." 하면서 손을 내밀 것만 같았다.

병상 법문

　불기 2542년(1998)도 저물어 가는 12월, 나는 도피안사에서 100일 기도를 하고 있었다. 그날도 여느 때와 같이 대웅전에서 열심히 지장 기도를 하고 있는데 함께 사는 지월 스님이 올라와서 내 귀에다 대고 가만히 속삭였다. 전혀 생각지도 않던 일인지라 나는 말뜻을 잘 알아듣지 못하고 목탁을 멈춘 채 재차 물어 보았다.
　"뭐라고요?"
　"불광사 주지 스님한테서 연락이 왔는데 법주 큰스님께서 위독하시답니다."
　그 말을 듣는 순간 가슴이 서늘해 오면서 온몸이 긴장됐다. 그 순간 목탁을 내려놓고 바로 서울로 달려갈까 생각했다. 한편으로는 '아니야, 지장보살님께 우리 스님의 회복을 기도해야 해' 하는 생각도 들었다. 결국 나는 두근거리는 마음을 억지로 눌러 안정시키면서 마저 기도를 마쳤다. 기도를 하는 중에도 자꾸만 스님의 모습이 떠오르고 행여나 다시 뵙지 못하면 어쩌나 하는 불길한 근심으로 기도 정근이 제대로 잡히질 않았다.

기도를 마치고 부랴부랴 서울로 차를 내몰면서도 줄곧 가슴이 떨렸다. 그러는 사이로 언뜻언뜻 스치고 지나가는 생각은 스님 모시고 살았을 때의 허다한 단상들이었다. 그러자 마음이 더욱 급해졌다.

헐레벌떡 병실 문을 열고 들어가니 스님은 산소 마스크를 쓰고 있었다. 목에 담이 차는지 숨쉬는 걸 몹시 힘겨워했다. 이런 급박한 상황에서도 나는 역시 내 중심의 생각이 머릿속에 떠올랐다.

'스님께서 온몸으로 있는 힘을 다 기울여 내게 법문을 하고 계신다. 저 표정 하나하나 숨소리 한번도 놓치지 말자.'

나는 움직이지도 않고 꼿꼿이 선 채 스님을 응시했다. 그때 주변의 누군가가 무슨 말을 걸어오긴 했는데 들리지도 않았다. 나는 오로지 스님의 온몸 법문에만 간절히 집중했다.

흥분과 불안, 염려와 안타까움으로 양손을 꽉 움켜쥐고 뚫어질 것처럼 스님의 호흡 하나에서부터 동작 하나하나에 이르기까지 온 신경을 집중하였다. 스님이 손가락 하나 움직이고, 기침 소리 한 번 내는 것에 그토록 온 신경을 집중해 바라본 적은 그때가 처음이었다. 어찌나 긴장했던지 스님 손목에서 맥박이 뛰고 있는 것까지 생생하게 느낄 수 있었다.

아마도 그렇게 몇 시간이 흘렀나 보다. 그때서야 생각이 돌아섰다.

'스님께서는 이보다 더한 병고도 감내했는데 이까짓 폐렴쯤이야 문제도 아니야. 스님께서는 반드시 회복하실 거야.'

간호사들이 부지런히 담을 걷어내고 시자들이 번갈아 팔다리를 주물렀다. 그러자 조금씩 담이 차오르는 속도가 줄어들었다. 한참 시간이 지난 뒤에야 스님은 겨우 눈을 뜨고 병실을 둘러보았다.

"스님, 저 송암입니다. 지금 도피안사에서 100일기도 중입니다. 스님 쾌차하시도록 더욱 열심히 기도하겠습니다. 힘내십시오."

스님은 무표정하게 나를 물끄러미 내려다보았다. 어찌나 힘들었는지 그 눈빛 속에 눈물이 배어 있었다.

그로써 이날의 병상 법문이 끝났다. 나는 스님의 손을 놓아드리고 가슴을 쓸어 내리며 도피안사로 돌아왔다.

돌아오는 길 내내 참회를 했다. 오늘 스님의 맥박 뛰는 소리, 호흡까지 느끼며 그토록 열중한 것처럼 진작에 스님 가르침에 귀를 잘 기울였더라면 하는 아쉬움과 후회가 복받쳤다. 평소 일상에서 스님은 병든 몸으로도 그토록 애가 타도록 제자들을 가르치려고 온갖 노력을 다 해주었건만 왜 그 법어(法語)들이 다 들리지 않았는지, 이제 후회를 해도 소용이 없게 되었다.

머리끝이 쭈뼛 서고 온몸이 떨리던 날

　스님은 평소에 늘 죽지 않음을 설했다. 죽어도 죽음이 없는 자리의 소식을 만방에 알렸다. 병이 침입할 수 없는 곳의 얘기만 줄곧 했다. 설법시에 스님은 법의 증거자로서 확신과 기쁨에 넘쳐서 죽지 않는 불사(不死)의 도리를 힘있게 설토했다.
　이제 스님이 떠난 뒤 다시 스님의 행적을 가만히 생각해 보니, 살아있을 때보다 더욱 명확하게 죽음이 없는 도리를 보여 준 일을 하나하나 깨닫게 된다.
　지난 해 가을, 스님은 여느 때보다 건강이 좋아 보였다. 늘 편찮았어도 때로는 덜하기도 하고 조금 심하기도 했었는데 그때는 차도가 역력했을 때니 적어도 3년은 더 머물 수 있다고 스님 당신이 생각할 정도였다. 초가을에 도피안사에 와서 홍교 법사와 하룻밤을 같이 지내면서 그런 희망을 피력했다고 전해 들었다.
　그런데 그때 불광사에서 무슨 행사(합창 발표)가 있어서 저녁에 참석했다가 돌아와서 바로 병에 걸렸다. 공연장 내의 더운 기운 속에 오래 있다가 바로 나오면 공기가 차갑기 마련, 이 때문에 평소 몸이 약한 스님의 몸에 병균이 침투해 감기에 걸리고 만 것이다. 감기는 곧 폐렴으로 악화되었고, 이로 인해 스님은 병원에 입원하게 되었다. 그리고 퇴원한 지 불과 몇 개월 지나지 않아 입적한 것이다.

나는 지난 동안거를 다른 곳에서 하려다가 여러 가지 사정이 생겨서 못 가게 되었다. 결국 이곳 도피안사에서 백일기도를 입재하여 또 박또박 기도를 하고 있었다.

그런데 동안거를 못 간 그때부터 내게는 뭔가 모를 두려운 예감이 줄곧 떠나지를 않았다. 그래서 스님이 폐렴으로 입원했다는 얘기를 불광사 주지로부터 전해 들었을 때 가슴이 철렁했다.

스님 퇴원 이후에도 나는 100일 기도를 계속했고, 가끔 불광사 주지를 통해 근황을 들었다. 그때마다 스님의 건강 상태가 그만그만하기에 봄이 오면 기운을 차리겠지 하는 희망을 가졌다. 그러나 내 희망은 결국 스님에게 도달하지 못하고 말았다.

사람의 예감은 자연 만물과도 통하는 것 같다. 스님 입적 당일이었다.(1999년 2월 27일) 여느 때처럼 새벽기도를 마치고 도량돌이(도솔산을 한 바퀴 돌아오는 것)를 나서는데 절 입구 소나무 숲속에서 까마귀 한 마리가 "까옥" 하고 외마디로 울면서 푸드득 날아갔다. 그 소리를 듣는 순간 또 한 번 가슴이 철렁 내려앉으면서 머리끝이 쭈뼛 서고 온몸이 떨렸다. 간신히 도량돌이를 끝마치고 돌아와서도 줄곧 마음이 불안하여 견디기가 어려웠다.

사시(巳時) 기도 중에도 불안감은 여전하여 억지로 시간만 채우고 기도를 끝냈다. 앉아도 불안하고, 서도 불안하고, 마당을 걸어다녀도 불안하고, 내 몸뚱이 전체가 불안으로 휩싸였다. 도저히 견딜 수가 없어서 점심밥을 먹는 둥 마는 둥 대강 마치고 스님에게로 갔다. 스님에 관한 일이 아니라면 내가 그렇게 불안해할 이유가 없었으니 말이다.

나는 차에 올라 스님이 계시는 곳으로 향했다. 직접 운전을 하고 가는데 마치 내 몸과 차가 구름에 붕 떠서 가는 기분이 들었다. 온몸에서 탄력이 빠져 버려 솜 같은 느낌이 들고 의식조차 몽롱해 어떻게 운전을 하여 어느 길로 갔는지 분간이 서지 않을 정도였다. 그때 그러한 느낌은 내 평생 처음 가져보는 것이었다. 알지 못할 허탈감과 무력감이었다.

이상한 예감은 그대로 맞아, 그날 나는 스님과 영별을 맞게 되었다. 나로서는 올해 들어 두 번째의 큰일을 당한 것이다. 세속에서 누구보다 정이 깊었던 할머니가 세상을 떠나서 상심이 컸던 차에 출가 생활의 가장 큰 의지처였던 스님이 떠난 것이었다.

(그 이후의 이야기는 때가 되면 다시 쓸 예정이다.)

열반 10분 전, 스님이 눈물을 흘리셨어

스님이 열반에 들기 전 상태를 불광사 주지인 보하 사제한테서 들었다. 그 이후로 틈날 때마다 스님의 마지막 설법인 두 줄기 눈물은 내게 화두가 되어 내 머리를 떠나지 않았다.

스님이 입적의 마지막 숨을 거두기 10여 분 전이었다. 주지가 스님을 보니 얼굴에 두 줄기 굵은 눈물이 길게 흘러내려 있었다.

"스님, 무엇이 슬픕니까? 마음 편안하게 생각하세요. 무슨 일이든지 제가 열심히 하고 신중하게 처리하겠습니다."

주지가 그렇게 위로하면서 수건으로 눈물을 닦아 드렸다고 했다.

사람의 눈물은 내심의 표현이다. 눈물은 슬픔을 나타내기도 하고, 기쁨이나 반가울 때 흘릴 수도 있는 것이다. 아니면 말로 표현하지 못하고 어떤 행동으로도 나타내지 못하고 가슴속에 그 무엇을 눈물로 나타낼 수도 있을 것이다.

보고 싶은 사람을 보지 못했을 때도 눈물은 나오는 법이고, 정말

하고 싶은 일을 하지 못하고 인생을 끝내게 될 때도 눈물은 나올 법하다. 어찌 됐건 인간에게 눈물은 가슴속을 대변해 주는 것이라고 생각해도 좋겠다.

아마도 스님은 당신 스스로의 입적을 모두 알고 있었을 것이다. 아침부터 주지에게 오늘은 외출하지 말라는 분부까지 내렸다니까 불과 임종 10여 분 전에야 왜 몰랐겠는가.

평소에도 정신은 환하기가 이루 말할 수 없을 정도로 형통했다. 그 모진 투병 속에서도 정신은 어디 한 곳 흐린 데가 없는 명징한 모습을 늘 유지했다. 다만 육신이 여의치 못했을 뿐이었다.

그런 분이 불과 사세 10여 분 전에 흘린 두 줄기 긴 눈물은 무엇을 뜻하는 것일까. 상좌의 한 사람으로 스님의 표정 한 번, 말씀 한마디도 놓치지 않아야 한다고 했을 때, 도대체 스님의 마지막 눈물은 무엇을 뜻하는 것인지 참으로 깊이 생각하고 간절히 궁구해 보아야 할 과제다. 아니, 내가 이 세상에 숨쉬고 있는 날까지 지속적으로 궁구하여 풀어야 할 또 하나의 화두를 스님은 주고 간 것이다.

이것저것 짐작으로 어루더듬으면서 생각을 헤아려 볼 수도 있지만 그것보다 더욱 확실한 것은 스님의 포교 사업을 계승하여야 하고, 또한 못다 한 뜻을 펼치는 것이 아닐까.

스님 육신이 죽음에 이르러 말문은 닫히고, 수족을 움직여 의사 표현을 못하게 되었을 때, 마지막 남은 유일한 표현이 눈물이 아니었을까. 눈물을 통해 스님이 유훈을 내렸다고 했을 때 그 어떤 방법보다 직접적이고 스님의 심정을 간절하게 대변했을 것이다.

이제 내가 그 묘의(妙意)를 찾아서 이루는 일만 남았다고 해석한다면 스님의 뜻을 넘겨짚은 것밖에 안 될까. 어찌 되었든 이제 스님이 없는 상태에서 내가 할 수 있는 일은 극히 제한되어 있다. 설령 내 판단이 스님의 뜻에 어긋나는 일이라 하더라도 스님의 뜻을 내 자신에게 거듭 되물어가며 유훈을 찾아가는 일이며, 실천하는 일이다. 내가 못났으면 못난 대로, 부족하면 부족한 대로 성심성의껏 스님의 뜻을 이어가고자 노력할 뿐이다.

스님이 뜻 있는 뒷사람들에게 남긴 유촉은 그렇게도 간절하고 사무쳤다. 스님의 마지막 당부를 결코 저버려서는 안 될 것이고, 눈물을 헛되게 하면 다음 생에는 상좌로 받아들이지 않을 것이다.

나는 그것이 두렵다.

"나 좀 일으켜다오" 하고 손을 내밀 것만 같아

　이제 스님이 떠나고 난 뒤, 다시 스님을 생각하면 너무나 아쉽고 안타깝다. 끝도 한도 없는 아쉬움과 상실감이 엄습해 온다. 뭐라고 표현할 수 없는 이 안타까움을 어떻게 처리해야 할지 지금으로선 통 생각이 나지 않는다. 단지 이제부터 내가 살아 있는 동안 스님이 해 온 일을 힘껏 쫓다가 언젠가 나도 때가 되면 가겠지 하는 생각만 할 뿐이다.
　그렇다고 구체적으로 방안이 딱 마련되어 있는 것도 아니고, 넉넉한 준비가 있는 것도 아니다. 생각이 그렇다는 것이고, 내 인생이 그래야만 한다고 믿는 것뿐이다.
　나를 키우고 알아준 스님의 은혜는 이 세상에서 가장 지극했다. 그것이 나만의 생각이고 착각이라고 해도 괜찮다. 대장부가 한 번 머리를 조아렸으면 일신의 안일이나 그 다음 일은 생각지 않는 법이고 참으로 귀의를 마쳤으면 길을 바꾸지 않는 것이 고래로부터 이어져

오는 출가문의 미덕이며 출세간의 엄한 전통이고 반야문의 가풍이다.

스님의 유해가 마지막 떠나는 날, 그러니까 1999년 3월3일 새벽 0시 10분에 스님이 가만히 누워 계시는 범어사 종무소 부속 건물로 내려갔다.

보제루 분향소 상주자리에 앉아 있다가 혼자 조용히 일어나 잠든 금정산 자락을 바라보면서 이제 몇 시간 뒤 스님과 이별할 것을 생각하면서 한걸음 한걸음 발길을 옮기고 있었다.

수십 년 전 행자가 되어서 처음 이 절에 왔을 때, 사내 전 대중이 모여 올리는 새벽 예불이 하도 좋아서 잠도 안 자고 도량을 서성거렸던 때가 문득 떠올랐다. 그때도 지금처럼 달이 밝았다.

그때는 달빛 아래서 기쁨으로, 어떤 뜻도 모를 환희로 도량을 서성거렸는데, 오늘은 내 인생에서 가장 슬프고 침통한 순간이 되어 도량을 서성거린다는 생각이 들었다. 이와 같이 인생은 흘러가는 것인가, 끝없이 변화해 가는 것인가를 되물으며 내 몰골을 다시 돌아보고 가다듬게 되는 엄숙한 순간이었다.

나는 넋 나간 사람처럼 비틀거리며 간신히 스님 앞에 엎드렸다. 스님 곁에 있던 손상좌들은 피곤에 지쳐 기척이 없고, 다만 촛불만 타닥거리며 출렁거릴 뿐이었다.

절하고 절하고, 다시 절하고, 스님 영정을 우러르면서 스님을 생각했다. 금방이라도 힘든 몸을 돌려가며 "나 좀 일으켜다오." 하고 손을 내밀 것 같은 생각이 들었다.

'무상하구나. 그토록 밝으신 분이 이렇게 가시다니.'

평소에 스님을 유리처럼 투명하고 영능한 분이라고 믿었던 내게는 스님의 열반이 도저히 믿어지지가 않았다. 나의 스님이 꽁꽁 묶여서 관속에 가만히 누워 있다는 현실이 수긍되지도 않았고 실감나지도 않았다.

나는 이마를 땅에 대고 하염없이 스님을 불러 보았다.

스님에 대한 연민과 존경이 줄줄이 떠올라 슬픔과 아쉬움이 파도가 되어 가슴속에서 소용돌이쳤다.

'이제 이 시간이 지나면 유해마저도 대할 수 없게 된다.'

여기까지 생각이 미친 나는 다시 일어서서 절하고 생각을 가다듬었다. 그리고 메모지를 꺼내 놓고 내 슬프고 장엄한 인생 다짐의 감회를 쓰기 시작했다. 글도 아니고 시도 못 되지만 내 다짐이 들어 있다는 이유 하나만으로 여기에 옮겨 본다.

이 시간 지나가면 법구도 없고
그리움 하늘 가득 더욱 사무쳐
정다운 우리 스님 어디서 볼까
내 이제 무엇으로 의지처 삼아
스님의 전법부촉 이어갈까나

한밤중 금정 계곡 물소리 함께
임 향한 만단정회 흘러 가누나
어디로 흐르는지 알 수 없지만
내 가슴 솟아나는 임의 향기는

어느 때   다시 만날   굳은 맹센가

스님을   보내는 맘   너무나 아파
긴 신음   한숨소리   푸른 별들에
내 사연   묻어 두어   영원히 살자
내 인생   모두 바쳐   스님 뜻 이어
뵈올 때   숨김없이   모두 말하리

스님께   이 밤 맹세   올리옵고저
법구 앞   삼생 약속   머리에 이고
미래세   나의 인생   오직 이 한 뜻
모든 힘   쏟아 부어   스님 뜻 이어
이루리   이루오리   보리 이루리

오늘이   스님 육신   마지막이니
본래로   공한 이치   이미 알지만
그래도   허전한 맘   가눌 길 없어
엎드려   무릎 꿇고   예배합니다.
어둠 속   계명봉이   우뚝한 것을

내가 왜   이 사실을   이제야 알아
천추의   깊은 한을   풀지 못했나
미련한   이내 심정   탓해 보아도

그리움　달빛 되어　누리에 차고
한숨은　바람 되어　나무 흔드네

내 이제　두손 모아　비옵나이다.
스님의　대서원을　분명히 알아
위없는　무상보리　이루고 말리
세계에　평화 심고　불토 이루어
웃으며　스님 다시　만나뵈야지.

　스님의 영결식 날, 날씨는 맑고 따뜻했다. 마치 스님 성품처럼 온화하고 평화스러웠다. 이제 조금 있으면 봄이 되어 꽃이 피고 새가 노래하는 호시절이 올 터인데 스님은 그런 것을 아랑곳하지 않고 표표히 갔다.
　제방의 큰스님들이 운신의 노고를 마다하지 않고 왕림했고, 수많은 구도 납자들이 애석해하고 슬퍼했다. 서울 신도들, 부산 신도들 모두 슬픈 심정으로 구름같이 모여들어 스님의 영결식을 더욱 장엄하게 만들었다. 노스님(東山) 입적 후 가장 많은 사람이 모여서 슬픔을 함께 했다고 한다.
　이제 남은 것은 내 문제다. 어떻게 스님과 헤어질까. 어떻게 스님 안 계신 세상을 살아갈까. 누워 있더라도 살아 있기만 하다면 열심히 노력하여 얻은 성과물을 가지고 달려가서 보고도 하고 자랑도 할 텐데…… 어디 가서 떼를 써보나.

스님, 불 들어갑니다

스님 가시고 난 뒤 모든 절차를 5일장으로 결정했다. 이 5일 동안, 다비식 다음날까지 한결같이 날씨는 맑고 포근했다.

오히려 첫날보다 둘째 날이, 둘째 날보다 셋째 날이……. 점점 갈수록 날씨가 풀려가서 마치 스님이 각별히 은혜라도 베푼 것처럼 느껴졌다.

다비식을 마친 다음 날, 오전 습골할 때도 날씨가 따뜻했을 뿐만 아니라 바람 한 점 없었다. 습골하기 그지없이 좋은 날이었다.

습골 준비를 위해 새벽 5시쯤 돌 축을 들어내는 하늘에는 음력 열이레 달이 둥실 떠서 고요히 연화대를 비추었다. 스님의 육신을 삼킨 불꽃이 서서히 잦아들고, 만상은 적막하여 아늑하기만 했다. 다만 연화대를 지키는 몇몇 상좌들과 생전에 스님과 가까웠던 몇 분의 움직임만 간혹 있을 뿐, 하늘엔 달빛만 교교했다.

3월 3일 정오쯤 연화대에 불길이 들어가서 오후 내내 탔고, 밤을 꼬박 새우며 붉게 탔다.

　밤이 되자 기온이 내려가서 한기가 느껴졌다. 나는 부지불식중에 다비불 가까이로 다가갔다. 스님 육신을 태운 불기에 내 몸의 추위를 녹이고 있었다.

　이렇게 스님은 이 세상의 인연을 모두 마감했다.

　유언에 따라 사리는 찾을 생각도 하지 않았다. 수습된 뼈는 잘게 부수어서 스님이 그 옛날 범어사 시절에 즐겨 다니며 좋아했다는 선방 뒤 대밭에 뿌렸다.

온 세상이 텅 빈 것 같아

 범어사 주지를 역임한 홍교 스님은 내게는 사숙이 된다. 일찍이 스님과 오랜 세월 함께 수행하고 불사를 한 특별한 사이다.
 스님 입적 후 가까운 사람에게 홍교 스님은 이렇게 고백했다.
 "광덕 스님은 내 사형이지만 사실은 내게 스승과 같은 분이다. 내가 출가하여 수행하는 법, 출가자의 도리나 사회적인 역할 등 많은 부분을 그분한테서 배웠다. 내가 드러내 놓고 슬퍼하지는 않았지만 장의 기간 중에 낮에는 일하고 밤에 혼자 앉아 있으면 내 마음속은 허전하고 쓸쓸하기 이루 말할 수 없었다. 온 세상이 텅 빈 것 같은 공허함 속에서 보냈다."
 스님은 성품이 온유하고 자애로웠고 자긍심이 뛰어나신 분이었다. 스님 자신의 말과 행동에는 언제나 책임을 졌고 사람을 믿으면 허물마저도 보지 않고 전폭적인 신뢰와 진실을 몽땅 바쳤다. 그렇기 때문에 스님의 향기는 그토록 진했고, 많은 사람들에게 전해졌으며 그리고 오랫동안 지속되었다.

　이번 스님의 장의 기간 중에 많은 사람들이 스님의 자애가 그리워 금정산으로 찾아들었다. 그리고 스님 영정 앞에 절을 하면서 생전에 느꼈던 스님의 체취를 다시 떠올리며 눈물지었다. 건강 때문에 거의 누워서 지냈던 스님이 언제 사람들에게 좋은 일을 베풀었기에 금정산 기슭으로 모여드는 사람이 저리도 많을까.

　스님보다 훨씬 밥도 잘 먹고, 걸음도 잘 걷고, 젊었던 나도 병약했던 스님이 고요히 잠들자 이루 형언할 수 없는 슬픔과 절망에 빠졌다. 인간은 역시 정신으로 삶을 결정짓는 것이다. 광채 어린 정신이 있다면 병도 어쩌지 못하지만 아무리 육신이 건강하여도 정신이 흐려 있다면 누구도 거들떠보지 않는 보잘것없는 삶이 되고 말 것이다.

　스님의 젊은 시절의 도반인 금용암의 덕윤 스님은 몸을 도저히 움직일 수 없는 불편함 속에서도 혼신의 힘을 다하여 장삼 입고 가사 두르고 주변의 부축에 의지해서 한발 한발 천근 같은 걸음을 옮겨서 범어사 보제루까지 오셨다. 보제루 마당까지는 아무도 차를 타고 들어올 수 없는데도 보제루 입구에 차문을 바짝 붙이고 간신히 내렸다. 얼굴은 침통하고 곧 울음이라도 쏟아질 것 같은 비애가 가득하였다.

　그 광경을 보고 있으면서 나도 몰래 가슴이 꽉 막히는 아득함을 느꼈다. 무엇이 저 노스님을 여기까지 오시게 만들었는가를 되짚어 보았다. 스님 생전의 인간 됨이 결국은 저와 같은 장엄한 인간애를 등장시켜 주지 않았을까. 인간이 인간답다는 것은 이론이 아니고, 감정이 아니고, 오직 따뜻함인가 보다.

　스님이 아들처럼, 상좌처럼 애지중지 키운 사제였던 반월 스님의 어린 시절 얘기를 본인으로부터 들은 적이 있다. 여남은 살 시절부터 손수 길렀다니 두 분간에 오고간 얘기가 오죽 많았으랴. 그 얘기를 들으면서 나는 줄곧 생각했다.

내가 과연 그러한 상황이 되면 스님처럼 생각하고 행동할 수 있을까. 스님은 인간을 넘어선 분이다. 자애덩어리의 보살이었다. 나는 반월 스님의 얘기를 들으면서 이러한 결론을 수없이 내릴 수밖에 없었다. 그리고 사람을 지극히 존경했던 상불경보살이 떠올랐다.

金河堂 光德大禪師 年譜

作成, 2001년 2월 1일
1차 수정·보완, 2001년 10월 16일
2차 수정·보완, 2002년 12월 1일

연도	연령	연 보
1864	甲子	후일, 翁師가 되신 새 佛敎運動 大覺敎의 開創祖 龍城震鐘 祖師 誕生(朝鮮 高宗 1年).
1886	丙戌	龍城祖師, 경북 선산 모례원에서 勇猛精進 結社로 悟道(당년 23세).
1890	庚寅	후일, 恩師가 되신 淨化佛事의 大功德主 東山慧日 大宗師 誕生(용성조사, 27세).
1897	丁酉	후일, 法師가 되신 韶天大禪師 誕生.
1905		제2차 韓日協約(을사보호조약) 체결.
1910		① 3월, 안중근 義士, 여순 감옥에서 순국(死刑). ② 8월 22일 韓日合邦條約 調印.
1912		① 東山慧日 大宗師 出家(당년 23세). ② 후일, 拈華知音의 師兄이 되신 淨化佛事의 完成者이며 禪佛敎의 思想家 退翁性徹 大宗師 誕生.
1919		① 光武帝의 國葬을 계기로 전국 각지, 방방곡곡에서 기미년 독립운동(3.1운동)이 요원의 불길로 勃發. ② 龍城祖師 독립운동으로 수감(상좌인 東山 대종사 3년간 옥바라지).

1919		③ 上海 임시정부 수립. ④ 韶天禪師 3.1 독립운동 참가 후, 김좌진 장군 휘하에 入隊(당년 23세).
1921		龍城祖師 大覺敎 創立.
1927 (丁卯)	1	① 東山 大宗師 金泉 直指寺에서 悟道(당년 38세). ② 4월 4일(음 3.3), 경기도 화성군 오산읍 내리에서 아버지 高公 準學, 어머니 金氏 東娘의 2男3女 중 넷째로 출생. 본관 제주, 본명 秉完.
1935	9	退翁性徹 大宗師 東山 門下로 出家(당년 24세). (당시 東山 大宗師 46세, 海印寺 白蓮庵 住錫).
1939	13	兄, 秉烈 死亡.
1940	14	4월 1일(음 2.24) 龍城祖師 入寂(世壽 77세, 法臘 61세).
1941	15	아버지, 高公 準學 別世.
1945	19	日帝 强占에서 解放.
1946	20	어머니, 金氏 東娘 別世.
1947	21	① 韓國大學(현 서경대학의 前身)에 進學, 폐결핵 感染. ② 둘째 누이 死亡.
1950	24	① 韓國戰爭 勃發, 가을 釜山 梵魚寺 入山. ② 東山선사와의 만남을 통해 인생관, 세계관의 일대 전환을 맞이하여 범어사 선방(청풍당), 관음전, 지장전, 미륵암, 금강암, 송도, 죽도, 삼천포, 함안 장춘사 등에서 발분 정진.
1951	25	칠월칠석(양 8.9), 東山 大宗師를 戒師로 沙彌十戒 수계식 도중, 受 十戒를 受 五戒로 복창하고 스스로 거사의 신분으로 낮추어 겸허하게 수행함.

1953	27	韶天大禪師의 覺運動과 그 思想에 깊이 契合한바 '金剛經讀誦救國願力隊'에 참여 전국 순회.
1954	28	① 釜山 東萊 온천장 金井寺에서 悟道. ② 부산 범일동에서 최초의 法燈家族 특별법회 시작(1년간 매주 실시). ③ 한국불교 淨化佛事 시작됨.
1956	30	대각회 창립, 초대회장에 취임(9.16).
1959	33	가을, 범어사 禪院에서 性昊·眞常·日陀 등 선사들과 現代禪學研究會를 결성하고 취지문을 작성, 발표한 뒤 『벽암록』 및 여러 禪典을 현토함.
1960	34	① 범어사 보살계 때(음 3.15) 東山大宗師를 恩師와 戒師로 受戒 ② 4.19 혁명 ③ 大韓佛敎譯經院을 설립하여 『벽암록』·『선문촬요』·『선문염송』·『선관책진』·『선문단련설』 등 출판(현토).
1961	35	① 佛國寺에서 現代禪學研究會 주최, 雪峰 師, 초청, 『벽암록』 최초 강의. ② 5.16 군사정변
1962	36	① 『벽암록』(성호 현토본) 간행(편집·현대선학연구회, 발행·대한불교역경원). ② 曹溪宗 서무국장으로 宗憲·宗法 제정과 불교재산관리법을 주도적으로 成案하고 기타 종단 法令 마련으로 종단의 법률적 틀을 만듦.
1963	37	한국대학생불교연합회 창립(9.22, 초대 지도법사 취임).
1965	39	① 恩師, 東山大宗師 入寂(음 3.23, 양 4.24. 오후 6시 무렵 世壽 76세, 法臘 53세). ② 서울 奉恩寺 結社(주지취임)로 대학생 수도원 설립(9.12).

1965	39	③『보현행원품』(프린트본) - 한국대학생불교연합회 교본으로 발행(6.5). ④ 학교법인 대동학원 이사 취임(8.18~1974.2.6).
1966	40	학교법인 원효학원 이사 취임(~1979.3.4).
1967	41	『선관책진』 간행(진수당, 10.15).
1968	42	『보현행원품』 간행(해인사판, 성철스님 서문).
1971	45	① 조계종 총무부장 취임(~1973.1.25). ② 조계종 총무원장 직무대행(청담스님 입적시, 11.25).
1972	46	① 自號 運海 사용(진리의 태양을 좋아하고 추종한다는 뜻의 高運海). ② 10월 維新 政治 쿠데타 敢行.
1974	48	① 財團法人 大覺會 理事長 就任(3.25~1976.6.29). ② '한마음헌장' 선포(4.2), 월간「불광」창간호에 게재. ③ 大覺寺에서 佛光會 創立(9.1). ④『반야심경 강의』완성 - 禪智와 般若眼의 究極을 밝힌 佛光敎典. ⑤ 月刊「佛光」創刊, 發行人 登錄(11.1, 불광회를 모체로 함). ⑥ 순수불교 선언(월간「불광」창간호 - 새불교결사운동).
1975	49	① 대각사에서 佛光法會 創立(10.16, 불광회를 모체로 함). ②『法寶壇經』刊行(대각출판부).
1976	50	사리불법등(대학생법회) 창등(2.5).
1977	51	① 普賢行者의 誓願 발표. ② 救國救世의 보살을 양성하기 위해『菩薩聖典』간행(10.30). ③ 學校法人 東國學園 理事 就任(11.23~1993.11.13).

1978	52	① 法師 韶天大禪師 入寂(4.15, 세수 82세). ② 禪智와 般若眼의 寶庫『禪門要典』 간행(10.9).
1979	53	① 파라미타 합창단 창단(3.29). ② 연꽃마을 이야기 출간(5.30). ③ 佛光出版部 開設(10.10), 發行人 登錄. ④ 12.12 新軍部 쿠데타 敢行.
1980	54	① 신달법등(중고등학생법회) 창등(9월). ② 新軍部 政權의 10.27法難 恣行.
1982	56	① 잠실 벌판에 佛光寺 竣工 奉獻(10.24.) - 불광 제2기 잠실시대 개막. ② 마하보디 합창단 창단(11월).
1983	57	① 活功救國救世運動을 위한 正法護持 發願(8월 3일 호법발원) 시작. ② 불광의식집『불광법회요전』 발간(3.10).
1984	58	대웅전(후불탱화) 금판 금강경 주조 봉안(2.11).
1986	60	① 佛光幼稚園 設立(10.19). ② 佛光布敎院 設立(10.19).
1987	61	① 回甲記念 불교 시론집『빛의 목소리』 간행(3.20). ② '판소리 불타전' 공연 - 상수불학운동(5.5). ③ 6.29 시민항쟁 승리선언.
1991	65	월간「불광」200호 발행(6.1).
1992	66	① 創作 國樂交聲曲 '普賢行願頌' 발표 공연으로 새불교운동을 거듭 제창함과 아울러 불교음악의 새로운 지평을 여는 계기가 되었음(4.2, 세종문화회관 대강당). ② 財團法人 大覺會 理事長 就任(5.12~1999.9.10).

1992	66	③ 圖書出版 한강수 開設(10.27), 發行人 登錄. ④ 佛光敎育院 設立(10.26, 석촌동 160-2의 건물 매입).
1993	67	① 財團法人 普德學會 理事 就任(3.30～1996.3.30). ② 分坐知音 退翁性徹 大宗師 入寂(11.4, 海印寺 堆雪堂에서 世壽 82세, 法臘 59세).
1996	70	창작 국악 교성곡 '父母恩重頌' 발표공연(5.11, 국립중앙극장).
1998	72	週報(일요정기 법회용) 제1,000호 발행(8.9).
1999	73	① 佛光寺 法主室에서 2월 27일(음 1.12) 오후 2시 무렵, 大圓寂 般若寂光三昧에 듦(爲法忘軀의 大慈大悲가 化歸本空 함). ② 入寂 100일(6.6) 추모재(도피안사) 奉行. ③ 『광덕스님 시봉일기 1』(내일이면 늦으리) 출판(6.6). ④ 광덕스님 속환발원기도 - 티베트 수미산 순례단 출발(7.8).
2000		광덕스님 속환발원 - 1,000일기도 입재(2.27) 資 송암 奉行精進(도피안사).
2001		① 『광덕스님 시봉일기 2』(징검다리) 출판(2.27, 대원적 2주기). ② 범어사에 行蹟碑와 부도 제막(10.21). ③ 『광덕스님 시봉일기 3』(구국구세의 횃불) 출판(12.30).
2002		① 『광덕스님 시봉일기 7』(사부대중의 구세송) 출판(7.1). ② 입적 3주년 및 도솔산 개산 10주년 '환생' 전시회 개최(11.22, 서울 불일미술관), 도록 『환생』 발간.

門人 松菴至元 錄

후기 ①
스님의 두 줄기 눈물과 따뜻한 체온

　스님과 나 사이에는 애절한 여한(餘恨)이 있다. 스님 곁에 사는 것만으로도 즐거웠던 나는 마치 스님을 사모하는 연인 같았다. 스님 방문을 열고 들어서면 스님은 누우신 채 그 초롱초롱한 눈빛으로 나를 바라보셨다. 그 순간이 내게는 감동이고 기쁨이며 충성이었다.
　스님은 지난 해 가을 그 아픈 몸을 근근이 추슬러서 이곳 도솔산까지 오셨다. 평생의 지기인 홍교 법사님과 한 방에 누워서 밤새도록 정담과 앞일에 대해 의견을 나누고 염려하셨다. 그 얘기를 전해 들으며 나는 또 그만 사모의 열정에 빠져들고 말았다. 나에게는 더 이상 그 무엇도 바랄 것이 없는 만족이고, 기쁨이었으며, 크나큰 신뢰였다. 나는 변절 없는 추종자가 될 것을 또다시 굳게 서약했다. 나 자신에게 말이다.

　스님의 마지막 모습, 손을 이마에 대보고 가슴을 만져보고 손발을 만져보았다. 따뜻했다. 생전과 조금도 다름없었다. 평소 내가 찾아가서 잡아본 손길 그대로였다. 숨을 거두셨어도 식지 않고 따뜻한 체온을 내게 그대로 전해주시던 우리 스님. 스님은 이 땅을 떠나시면서 두 가지

몸짓으로 나에게 부촉하셨다. 두 줄기 눈물과 따뜻한 체온으로.

사십구재 때까지 나는 껍질만 존재하는 것 같았다. 걸음을 걸어도 허공을 밟는 것 같았고, 밥을 먹어도 맛을 몰랐고, 일을 하고 있어도 멍하기 일쑤였다. 마치 내 육신의 속 알맹이는 모두 빠져버리고 빈 껍질만 남은 느낌이었다

내 어릴 때 낙동강은 자주 범람했다. 걸핏하면 큰물이 났고, 큰물이 지난 뒤 강변의 무밭은 온데간데없이 사라졌다. 그것이 내 어린 마음에도 무척 아쉬웠다. 갑자기 낙동강 홍수로 삶의 터전을 잃어버린 농부처럼 스님과 이별한 나는 살길이 막막해진 느낌이었다. 그러나 어이하랴! 스님의 부촉이 그토록 간절하신데…….

이제 몸을 추슬러야겠다. 이 조그만 책자를 세상에 내놓는 까닭은 다시 나를 정리하자는 각오와 세상 뜻 높은 분들께 나를 지켜봐 달라는 바람 때문이다.

사람이 좀 부족해도 생각이 바르고 뜻이 착하면 크게 허물삼지 않듯이 강호제현과 불자들께서도 스님에 대한 필자의 표현 부족을 관심과 애정으로 크게 허물 삼지 않기를 청한다.

다만 진솔하게 내 느낌을 고스란히 쓰는 데만 뜻을 두었다. 그러다 보니 그 동안의 모든 일들이 정직하게 원고로 작성되었는데, 몇 꼭지는 빼고 말았다. 원래 스님의 가르침은 지극히 온유했고 세몰이 방법이나 이론의 창칼을 들고 사람을 몰아붙이는 비불교적인 방법을 쓰지 않았기 때문이었다. 스님의 가르침을 받은 자존심과 스님의 뜻을 거스르지 말아야겠다는 작은 효심이 나를 다시 온유하게 만들었다.

사실 나는 지난 가을부터 이상한 예감에 사로잡혀서 이 책을 쓰기

시작했다. 오랜 세월 동안 스님 회하에서 훈도를 받았던 기억과 기록을 살펴보니 대강 백 가지 정도가 되었다. 백일 기도를 하면서 하루에 한 가지씩만 써야겠다고 마음먹었는데, 어떤 날은 두세 가지를 쓰기도 하고 또 어떤 날은 하나도 쓰지 못한 날도 있었다. 결국은 다 쓰지도 못한 채 스님과 영별하고 말았지만 말이다.

 사실 대단한 내용은 아니지만 내게는 매우 뜻깊은 일이었기에 이곳 도피안사를 떠나 한용운 스님의 얼이 서려 있는 백담사에 가서 백일기도를 하면서 원고를 쓰려고 했었다. 내가 주지인 도피안사에서는 전심전력을 기울여 기도하고 글쓰기가 어려울 것이라는 생각 때문이었다. 그것도 역시 이루어지지 않고 말았다.

 할 수 없이 나는 내가 주지인 도피안사에서 백일기도 하며 글을 써내려 갔다. 백일기도라기보다는 그 동안 스님 곁에 살면서 배우고, 익히고, 경험했던 세계를 낱낱이 떠올리고 다시 그 속으로 빠져드는 일이 고작이었다. 글을 쓰다가 매끄럽지 못하면 도솔산 도량돌이에 나섰고, 또 때로는 용설호 주변에서 서성거리며 지난 날 스님과 함께 지낸 생활을 회상하기도 했다.

 탈고 며칠을 앞두고 하늘이 무너지고 말았으니, 이 또한 내 불효의 소치 아니던가. 그래서 원고를 서둘러 마무리하고 기왕이면 스님 입적 백일에 출판하려고 동분서주했다. 백일이라는 숫자는 단지 나의 기도 기간이었다. 구국구세의 대원 지니신 채 속히 사바로 돌아오십사 하는 간절한 기도의 날짜였다.

 스님을 생각하고 지나온 나의 삶을 되돌아볼수록 아쉬움은 안개처럼 구름처럼 피어오른다. 생각하지 말고 뒤돌아보지 말자, 이렇게 다짐했다. 그러나 그것도 잠시뿐, 5월 신록의 계절. 나무를 바라보아도, 꽃잎을 바라보아도, 하늘을 보고 구름을 보아도 거기에 스님이 나타나고 지나온 내 모습이 나타나고, 앞날의 내 모습이 나타난다.

사람은 세월이 흘러 나이가 쌓일수록 지나온 인생이 자꾸만 나타난다는데, 그렇다면 세월이 흘러 시간이 지나면 잊혀지겠지 하는 한 가닥 기대도 역시 난망이겠다.

정들자 이별하는 인간의 삶, 철들자 부모가 떠나는 인간의 숙명, 과연 이것은 내가 넘지 못하고 무수한 인간이 넘지 못하는 거대한 운명의 산인가, 불가항력의 장애이기에 끝없는 탄식과 아픔만이 파도처럼 밀려오는 것일까.

알 수 없는 일이다. 아니, 알고 싶지 않은 일이다.

피할 수 없는 일이다. 아니, 피하고 싶지 않은 일이다.

인간으로 태어나 사람 속에 섞여 살아오면서 정들자 이별이라는 말을 무수히 들었고, 철들자 부모가 떠난다는 말도 무수히 들었다. 그 이야기를 들으면서도 그냥 심상하게 넘겼다. 이제 평범했던 그 말이, 심상히 넘겨들었던 그 말이, 귓가에 스치고
지나간 무수한 말 중에 한 가지에 지나지 않던 그 말이 어찌하여 내 가슴을 이렇게도 아프게 후벼파고 내 몸을 마구 흔들어대는지 모르겠다.

인생은 이렇게도 한스럽고 슬픈 것인가. 그리고 한 치 앞도 보지 못하는 청맹과니인가. 스님이 계실 때는 천년 만년 살 것으로 생각하여 온갖 핑계를 대놓고, 이제 눈에 보이지 않게 되자 피눈물을 쏟아내는 이 이중주(二重奏)는 누가 만든 서러운 곡(曲)인가. 그러면서도

오직 나만 잘났다고 남을 헐뜯고 비난하고 업신여긴 것이 그 얼마였던가. 교만과 독선을 가지고 세상을 바라보며 그것을 원력이라 했고, 위선과 아집으로 인생을 설계하며 그것을 진실이라고 했다.

이제 나는 겸허하게 자책하고 참회하며 내 인생을 다시금 되돌아보지 않을 수 없다. 나는 바뀌어가고 있다. 스님의 열반이 산처럼 요지부동이던 나를 서서히 허물고 있다. 무지와 교만의 산이 비로소 무너지고 있다.

"제발 나의 견고하던 사상산(四相山)을 허물어 주소서.

그리하여 무변 평야 기름진 옥토로 바꾸어 주소서.

냇물이 흐르고 온갖 기화요초 만발하고, 백수가 뛰어 노는 낙원이 되도록, 끝간 데 없는 평원을 만들어 주소서.

나무 우거지고 새 노래하는 바라밀 세계를 현전케 하소서.

그리하여 동서남북 제각기 다른 곳에서 모여든 인간들이 한 형제로 오순도순 살 수 있는 불지촌(佛地村)을 이뤄주소서."

이렇게 기도해야겠다.

이 책이 나오기까지 불자 형제들의 우정이 컸다.

나의 소문난 달필(?)로 씌어진 어수선한 종이 원고지를 컴퓨터에 깨끗이 정리해 준 이주현·박성근 불자, 읽어 주신 김재영·신지견·황청원 제위 불자님, 부부가 합세하여 온갖 정성을 기울여 책이 되도록 교열하고 윤문하고 주선하고 제목까지 찾아 준 이재운·권경희 불자 내외. 그들은 하던 일 미뤄 놓고 여기에 달라붙어 스님의 교훈에 환희심을 냈다. 알고 보니 이 역시 나의 인연이 아니고 스님의 인연이었다. 스님께서 따로 상도 주고 칭찬도 하시리라.

또한 나와 더불어 영욕을 같이하면서 바라밀 운동을 변함 없이 펼쳐나가는 현재의 보현도량 도우 여러분들, 그리고 스님의 뜻을 찾아 만나게 될 미래의 형제들, 작은 물방울 같은 곡절은 있어도 바다에 이르면 저절로 만나게 될 과거의 동지들, 모두모두 감사할 뿐이다.

또 있다. 주머니를 뒤져서 제작비를 보태준 평등심, 대연성, 묘덕심, 진여성 불자 제위. 종이를 전량 제공해준 신호그룹 회장 벽운거사 이순국 불자님. 오직 감사할 뿐이고 고개 숙여 부처님 전에 축원 올린다. 또한 이 시대의 참 불자 덕산 이규택 님은 일방적인 나의 출판 제안을 웃음으로 맞아 주었고, 평소 우정을 두터이 나누고 있던 단국대 김상락 교수님은 표지 그림을 멋지게 그려 주었다.

아, 문득 깨달음이 있었다. 이 작은 책 한 권을 만드는 데도 이렇게 많은 분들의 노고가 있는데, 하물며 한평생의 인생살이에서 얼마나 많은 분들의 노고가 또 있을까. 알고 보니 나는 남의 노고 속에 사는 사람이지 않은가. 그렇다. 고마우신 노고에 겸손하고 보은하자. 가까운 곳에서부터…….

이제 나의 몫은 그분들 모두가, 온 세상 모두가 마음껏 평화와 자유를 누리도록 기도하는 일이다.

마하반야바라밀.

先師 대원적 백일(불기 2543년 6월 6일)을 앞둔
기묘년 부처님 오신 날에
도솔산 도피안사 마니당에서 松 蓭 謹誌

후기 2
남기신 자취를…

스님께서 남기신 자취를 간직하려는 충정에서 글을 썼지만 다시 돌아보니 부족하고 미흡하기 그지없다. 오히려 스님께 짐이 되고 누가 되지 않을까 하는 염려가 들기도 하여 그만둘까 생각한 적도 여러 번 있었다.

그러나 세월이 흘러가도 스님께서 남겨 주신 가르침은 산처럼 점점 높아만 가고 공중을 나는 학 같은 스님의 자취는 더욱 그립기만 하여 도저히 이렇게라도 쓰지 않을 수가 없었다. 그리고 스승께서 보여 주신 고귀한 일상의 설법을 제자로서 길이 전하고픈 염원도 간절했던 터라, 다시 손질하여 조심스럽게 출판하게 되었다.

초판을 경서원에서 출판하였는데 이규택 불자님께 양해를 구하여 다시 출판하였다. 마음껏 책을 만들고 싶었고, 스님 재세시에 문서 포교에 대한 비중을 높이 두었기에 필자 또한 그 부분을 간과할 수 없어서 직접 출판사를 개설했다.

스님에 대한 기록을 몇 가지 보충하고 내 나름의 기준으로 스님을 바로 모시려고 밤새워 다시 읽어가며 노력했으나 그것도 이미 속이 보일 정도의 뻔한 노릇이 되고 말았다. 원체 글 쓰는 재능이 부족했기에 더 어찌할 수 없었고 다만 정성만 더 기울였다는 생각으로 스스로를 달래고 말았다.

　이 책을 다시 정성껏 잘 만들어준 진실한 불자 이상옥, 멋진 디자인으로 한층 품위를 높여준 김명희 씨에게 감사를 드리고, 이곳 도솔산에서 함께 살며 음으로 양으로 내 글 쓰는 작업을 도왔던 가까운 인연들께 감사의 마음을 전하고 싶다. 일상 속에서 그들에게 느꼈던 고마운 마음을 다시 덧붙여 쓰는 후기를 통해서나마 표현하고 싶었기 때문이다.

　아무쪼록 스님의 위법망구의 보살 생애가 후세에 귀감이 되고 새 불교운동의 촉진제가 되며 나아가 한국불교 성장의 이정표가 되기를 바라마지 않는다.

나무대행보현보살마하살

2000년 盛夏
도솔산 도피안사 마니당에서 송암 謹誌